心平气和当妈妈

周云炜◎著

天津出版传媒集团
天津科学技术出版社

图书在版编目（CIP）数据

心平气和当妈妈 / 周云炜著. -- 天津 : 天津科学技术出版社，2019.10（2023.8重印）

ISBN 978-7-5576-6972-0

Ⅰ. ①心… Ⅱ. ①周… Ⅲ. ①儿童教育－家庭教育 Ⅳ. ①G782

中国版本图书馆CIP数据核字(2019)第157418号

心平气和当妈妈

XINPINGQIHE DANGMAMA

责任编辑：胡艳杰

出　　版：天津出版传媒集团
天津科学技术出版社

地　　址：天津市西康路35号

邮　　编：300051

电　　话：（022）23332695

网　　址：www.tjkjcbs.com.cn

发　　行：新华书店经销

印　　刷：唐山市铭诚印刷有限公司

开本 880 × 1230　　1/32　　印张7.5　　字数 130 000

2023年8月第1版第3次印刷

定价：39.80元

前言

PREFACE

俗话说："棍棒底下出孝子。"这条传统教育中的"经典语录"千百年来一直被很多家长牢记。时至今日，仍有很多家长把"打骂教育"当成教养孩子的法宝！打骂教育很容易对孩子的身心造成严重的伤害，不但会妨碍孩子成才，而且还会酿成家庭悲剧。

如今，随着人们生活压力的增大，越来越多的妈妈走进职场，参与到职场竞争中，回家后还要面对家庭琐事，所以她们的情绪很容易出现波动，对孩子的耐心也会相应地少了很多。她们常常严格要求孩子，不允许孩子出半点儿差错或有任何异议，致使孩子感受不到浓浓的亲情，经常处在不安和焦虑之中，体力、智力的发展受到了不同程度的影响。因为得不到应有的爱和支持，孩子逐渐出现冷漠、孤僻、仇视、攻击性强、自卑等心理问题，这些心灵创伤很可能成为其日后出现不良行为甚至犯罪的根源。打骂教育孩子造成终生遗憾的例子数不胜数，不堪忍受而轻生者、离家出走者大有人在。

现代社会崇尚人性化教育，这个"人性化教育"并不只针对教师，更针对与孩子接触最多的妈妈。虽然很多妈妈意识到打骂孩子不对，但仍会采取吼叫、冷暴力等方式对待孩子。在教育孩子的时候，很多妈妈容易出现这样的现象：孩子还不知道自己错在哪里，就已经被妈妈训得不敢开口说话了，以至于后来很多事孩子都偷偷去做，不让妈妈看到，甚至因此酿成大祸。不管是赖床、不写作业、玩具乱放、做事拖拉、调皮好动，还是见人不爱打招呼、顶嘴等，都会成为妈妈对孩子乱发脾气、大吼大叫的导火索，每次冲孩子吼完，妈妈都会后悔、自责，可下次仍然忍不住再吼孩子。吼叫虽然只是一分钟的事，但对孩子的伤害很大。经常朝孩子吼叫，不但会疏离亲子关系，还会让孩子变得优柔寡断、畏首畏尾，缺乏安全感。

还有的妈妈虽然不冲孩子吼叫，但会采取冷暴力的方式对待孩子。比如，孩子考试成绩不理想时，妈妈一两天都不和孩子说一句话，甚至直接冷漠地说："别叫我妈妈，我不是你妈妈。"让孩子以为妈妈不爱自己、不要自己了，进而暗自神伤，变得冷漠、自闭甚至自虐。

由此可见，妈妈的喜怒无常对孩子幼小心灵的伤害有多大。其实，很多时候，妈妈面对"每个孩子都会犯的错"时喜怒无常，缺乏对孩子的包容，只是因为孩子是弱者，容易被控制。

每个孩子都不是天生调皮捣蛋或成绩差的。妈妈温和地引导，委婉地教导，给孩子适当的自由，鼓励和肯定孩子，孩子自然就会逐渐明辨是非，体谅妈妈的一片苦心，并形成自己的独立人格。

唯有心平气和当妈妈，你的孩子才能更好地成长。

目录

CONTENTS

第一章

妈妈爱孩子，就别情绪化

有人说：“有一种幸福，叫妈妈情绪稳定。这种幸福，你能做到，孩子就能拥有。”当妈妈能够控制自己的情绪，便会觉得“一切都在掌控之中”，因为妈妈没有失控，就会有更多机会了解孩子的想法。孩子也会因为不用跟妈妈“比大声”而情绪更稳定。

妈妈说的话，影响孩子一生

话每个人都会说，然而能把话说好却并非易事。吉普林说过："言语是人类使用的最有效果的药方。"一句话，有多种说法，换一种说法，得到的就可能是另一种结果。

正确的说话方式，能减少和孩子之间交流沟通的障碍，如此才能真正理解孩子的内心世界，在很多问题上和孩子达成共识；否则，父母和孩子之间肯定会产生代沟。

正确的说话方式，是实现和孩子无障碍沟通的第一步。比如，孩子不听妈妈的话，往往是因为妈妈的表达方式让孩子反感；妈妈自以为是的教诲，最终常常把孩子逼入绝境，或使孩子养成恶习。

一位樵夫救了一只受伤的小熊。有一天，樵夫迷路了，借宿在小熊家里，小熊用丰盛的晚餐款待了他。第二天早晨，樵夫对小熊说："非常感谢你的盛情款待，但我唯一不喜欢的就是你身上那股臭味。"

小熊听完后，沉默了一会儿，对樵夫说：“为了补偿你，你随便用什么东西割我一下吧！”樵夫按要求做了。

几年后，樵夫再次遇到小熊，询问小熊身上的伤口是否痊愈。小熊回答道：“伤口愈合后，我就忘了。但是你那次说的话，我一辈子也忘不了。”

这则寓言告诉我们，语言如同一把双刃剑，既能帮人斩去面前的荆棘，又能伤人于无形之中。日常生活中，妈妈陪在孩子身边的时间最长，她们深知，相互沟通是教育孩子的良好方式。但作为妈妈，你是否注意到，面对孩子脆弱的心灵，不恰当的语言会给孩子留下多少伤害和烙印呢。

你选择什么样的表达方式和语言，就会对孩子产生什么样的影响。在与孩子交流的过程中，无论你是提出要求、给出答案，还是和他谈条件，你的措辞都有可能让孩子更加乐于合作、更加自信，也可能令他感到挫败和失去信心。

说话是一门学问，和孩子说话更需要语言艺术。但是很多父母却不以为然。在他们眼里，孩子还小，和他们说话的时候不用有太多顾忌，不管什么话，想说就说；不管效果如何，自己痛快就可以了。久而久之，孩子很容易产生逆反心理，不论父母说的话是对是错，他们都会排斥。

而且，孩子在交谈的过程中其实是有明确的、要表达的意思的。

10岁的丽丽问妈妈："在中国，有多少孩子被抛弃？"丽丽的妈妈是一名教师，她发现女儿在关注社会问题时非常开心。于是，她就这个问题发表了长长的演说，而且去查了数据。但是，丽丽仍然不满意，继续问着同样的问题："在中国，有多少孩子被抛弃？美国呢？全世界呢？"

最后，丽丽的妈妈终于明白，女儿并不是真的关心社会问题，而是想确认一下自己会不会被抛弃。

于是，妈妈仔细思考了一会儿，对丽丽说："妈妈知道你在担心自己会不会被抛弃，但是妈妈可以向你保证，妈妈是不会抛弃你的，如果你再为此感到烦恼，就一定要告诉妈妈，这样妈妈才可以帮你消除担心。"

与孩子交谈时，父母还要注意，多对孩子说富有感情色彩的评价性语言。这在孩子的生活中往往会成为其判断对错的原始依据。虽然孩子在成长的过程中会被外在的环境影响，但是这种影响绝不会触及孩子儿时的核心观点。所以，从某种程度上说，父母说话的态度、内容和品质，决定孩子一生的自我意识与思维定式——可能是乐观、自信、富有理想和气概，也可能是消极、自卑、得过且过、自暴自弃。

因此，作为妈妈，请你用正确的方式和孩子说话，这样孩子才能听话。

带着爱说话，孩子才更听话

孩子听话与否，很大程度上与父母和孩子对话有没有带着爱的口吻有关。所谓爱的口吻，体现在父母养育孩子的点滴过程中，把孩子当成真正的人，尊重其人格，满足其需要，引导其发展而不求私欲之利。每一个为人父母者，都应该将对孩子本能的爱升华为“纯粹的爱、科学的爱、理智的爱”。

其实，每个孩子都渴望得到父母的爱。父母的爱能让孩子产生满足感、成就感。在家庭中，如果孩子能在父母的关爱中成长，那么他就会用深深的爱意去感悟生命，健康成长。

现实生活中，没有哪个妈妈不爱孩子。从感知孩子存在的那一刻起，便倾尽自己的柔情，全身心付出自己的关爱，小心地呵护着腹中的小生命，吃什么、喝什么、做什么检查……不敢有丝毫怠慢。

有一个10岁的小男孩，他患有先天性小脑萎缩，在他的日记中记录着这样一件很普通的事情：每天晚上睡觉前，妈妈都会来到我的房间，温柔地和我说上一句“我知道你是最棒的，明天继续加油哦，你的围棋水平已经超过爸爸了”。随后温柔地笑着关上我的房门。

后来，男孩在日记中写道：如果晚上睡觉的时候，妈妈来我的房间鼓励我，朝我温柔地笑，我就会觉得自己是妈妈的骄傲，我会高高兴兴地睡觉。但是如果妈妈忙，忘了来我房间和我说话，我就会一直做梦，有时甚至不敢入睡。

男孩的妈妈读到这篇日记后内心很不平静。因为孩子生下来就有先天性小脑萎缩，多方医治无果，这给她的心里带来了很大的失落感。很多次她都想放弃这个孩子，但他毕竟是自己的亲生骨肉，她一次又一次地扪心自问：“自己真的舍得吗？十月怀胎生下他，他又是那么的聪明懂事。”后来在老公和长辈们的劝导下，她才坚定了继续把孩子抚养大的信心。

由于儿子生下来就患有先天性小脑萎缩，所以，她和丈夫在儿子身上花费的精力和心血比拥有一个正常孩子的父母花费的精力和心血更多。因为孩子的病最终没能得到有效的治疗，所以，从孩子开始接触外界开始，她和丈夫就做着各种心理准备，比如想着怎样应对别人的“嘲笑”“惊讶”“厌恶”“恐惧”等。当孩子被别人嘲笑，第一次跑回家哭泣时，妈妈就告诉孩子：“即使你不完美，可你的心地善良、冰雪聪明、活泼开朗，和其他孩子没什么不同，你是爸爸妈妈最疼爱的、唯一的宝贝，爸爸妈妈爱你！”可能孩子还听不懂妈妈的话，但是他能体会到妈妈对他深深的爱意。

大多数父母都是无私而伟大的，父母给孩子的爱是培养孩子良好品德和行为的感情基础。缺乏这种爱，孩子的教育就会出现问题，甚至难以达到良好的教育效果。因此，作为妈妈，你在给孩子无私的爱的同时，还要注意以下几点。

1. 理性地爱孩子

父母既要让孩子感觉得到真挚的爱、家庭的温暖，也要让孩子懂得关心父母和其他家庭成员，同时逐步要求孩子做些力所能及的事情，这样不但利于培养孩子热爱劳动、关心集体的好品德，而且还利于培养孩子的智力与自理能力。

2. 正确对待孩子的要求

每个人都有需求，而且是多方面的需求，这个需求往往是无止境的。具体分析孩子的需求，要以家庭经济状况和利于孩子身心健康为前提，不能对孩子百依百顺、有求必应。过分满足孩子的需求会导致孩子的欲望过高，使孩子变得越来越贪婪。等父母无力满足其需求时，就会引起孩子的不满，导致其难以管教。当孩子欲望强烈且得不到满足时，就很容易走上违法犯罪的道路。

3. 对孩子的要求要合理

父母对孩子的要求要合理，既要符合孩子的实际情况，又要利于孩子的身心健康。如果父母对孩子的要求过高，孩子即使努力也无法达到，那么孩子就会丧失信心，这种做法更起不到教育效果。因此，父母对孩子提出要求之后，要督促孩子努力做到，否则难以达到良好的教育效果。

4. 妈妈要始终对孩子充满期望

不管在什么情况下，父母都不应该放弃孩子。每个孩子都是与众不同的，从生下来的那一刻起他们就是不一样的，性别不同，长相不同，身高、体重也不同。也就是说，儿童认知发展具有阶段性和普遍性，每个孩子认知发展阶段的成长速度是不一致的。因此，妈妈只有因材施教，才有助于孩子成才。

总的来说，当孩子遇到困难时，妈妈无私的爱如同黑暗中的灯塔，给孩子光明，为孩子指明方向；当孩子意志消沉时，妈妈无私的爱如同激昂的旋律，给孩子鼓舞；当烦恼袭来时，妈妈无私的爱如同激越的号角，给孩子力量；当生命变得脆弱时，妈妈无私的爱如同旱地的甘露，给孩子希望。这样的爱，才是妈妈应该给孩子的爱，也是孩子需要的爱。

糖果的诱惑，谁的错？

孩子犯了错，作为妈妈，你是选择跟他讲道理还是冲他发怒、吓唬他？是否觉得孩子小，不用顾及孩子的感受、想法，不考虑孩子的年龄？

田恬今年四岁了，有着一口健康的小白牙，这得益于妈妈平时对田恬零食和糖果的控制。田恬的妈妈以前是一名营养师，但是后来因为田恬的出生，她便辞职在家专心带孩子。

其实田恬还是很乖巧的，妈妈不让她吃什么她就不吃。但是有一次家庭聚会，田恬和几个小朋友一起玩，吃了一块巧克力，从那之后几乎每天她都会吵着闹着要吃巧克力。每次和妈妈去逛超市时，她总是站在巧克力货架前不肯走。没办法，妈妈只好给她买了一盒巧克力，并告诉她每天只能吃一小块。

有一天，妈妈在厨房做饭，刚一出来，就看到田恬的嘴边黑乎乎的，凑上去一闻，就知道是田恬又偷吃巧克力了。这已经是田恬一个星期以来第三次偷吃巧克力了。妈妈很生气，当时就冲着田恬怒吼道：“你这孩子怎么这么不听话，知不知道巧克力吃多了牙齿会坏掉？”田恬被妈妈的吼叫吓到了，顿时哇哇大哭起来。

从那之后，妈妈再也没给田恬买过巧克力，去逛超市时田恬也不敢跟妈妈要巧克力。一次，妈妈的一个朋友来家里做客，送给田恬一盒巧克力，田恬馋得直流口水，但就是不敢开口跟妈妈要。等客人离开之后，考虑到田恬前几次的表现，妈妈着实不放心，便将巧克力偷偷地藏在了书柜顶上。书柜大概有两米多高，妈妈想这下田恬怎么也够不到，毕竟她的身高只有一米多一点。

哪知，田恬早就将妈妈的一举一动看在了眼里。一天，趁着妈妈在厨房做饭，田恬将书房的门关好，偷偷地踩在凳子上踮起脚尖抬起手够书柜顶上的巧克力。哪知巧克力没够到，田恬却一个不稳从凳子上摔了下去，手臂当时就骨折了。

田恬歇斯底里的哭声惊动了在厨房做饭的妈妈。妈妈赶忙跑到书房，看着倒在地上的田恬和开着门的书柜，妈妈心里便知道是怎么回事了。她赶忙抱起女儿打车去医院，可田恬一路上却带着哭腔说：“妈妈，我错了，妈妈，我没有要拿巧克力……”

田恬的胳膊上打着石膏，眼角带着泪痕睡着了。那一晚，妈妈却失眠了。虽然自己不让田恬吃巧克力是为她好，但是之前对田恬的怒吼导致了今天悲剧的发生。于是，她开始反思自己的教育方式。

孩子喜欢吃糖，这一点无可厚非，但是如果妈妈不考虑孩子的年龄，用怒吼来教育孩子，那么孩子可能会走向另一个极端——偷偷吃糖，而这其中的潜在危险因素就出现了，即孩子很可能会为了“偷”糖，避开妈妈而做一些危险的事。比如，案例中的田恬背着妈妈去书柜上“偷”巧克力吃，结果引发了悲剧。那么面对处在爱吃糖的年龄段的孩子，妈妈该如何心平气和地引导孩子呢？

1. 通过故事告诉孩子过量吃糖的危害

一般来说，十岁以内的孩子接触糖果之后都会产生无法抗拒的喜爱，看到糖就馋得流口水。此时，妈妈如果只是告诉孩子“吃糖是不好的”“吃糖是不对的”“吃糖是不健康的”，孩子可能根本就听不进去，甚至不知道妈妈在说什么，或者认为妈妈只是夸大其词、吓唬自己。此时，妈妈不妨通过某某孩子（身边的，孩子认识的）吃糖导致蛀牙疼得吃不下饭的案例，让孩子意识到过量吃糖的危害。如果孩子的年龄比较小，则可以通过故事来让孩子明白吃糖的危害，比如《爱吃糖的老虎》等。讲的多了，孩子自然就会逐渐意识到过量吃糖是不对的，这样他再伸手拿糖的时候心里就会有一点顾忌，而不是肆无忌惮地吃糖。

2. 每天都有适量的糖摆在明面上

孩子的天性就是大人越不让他做什么，他就越好奇，越想跟大人对着干。妈妈可以每天把糖果摆在明面上一些，让孩子看得到、吃得到，但是要和孩子讲条件，比如，“吃过水果之后才能吃”“吃过早饭之后才能吃”“吃完糖果之后要刷牙”等，这样不仅可以减少糖果对孩子牙齿的危害，还能减轻孩子对糖果的好奇心，慢慢地，孩子就不会那么喜爱糖果了。

3. 发现孩子偷吃糖果要及时制止

如果妈妈发现孩子正在偷吃糖果，千万不要急着怒吼，妈妈可以让孩子把嘴里的糖果吃掉，然后拿出他藏在口袋里的糖。这时孩子肯定会咧着嘴委屈地哭。

面对这种情况，妈妈可以把自己手里的糖果摊出来，对他说：“宝贝儿，如果你不哭了，你可以选一颗自己喜欢的糖果放进口袋里，只能选一颗哦！”这时孩子就会停止哭泣，挑一颗自己喜欢的糖。然后妈妈可以把剩下的糖果藏在一个孩子发现不了的地方，再坐下来耐心地告诉孩子吃糖的坏处或者给孩子讲过量吃糖导致蛀牙的故事，让孩子产生牙疼感。这样反复几次，孩子最喜欢的那颗糖果对他的诱惑力就没那么大了。

妈妈态度消极，孩子也不会积极

很多妈妈总是习惯性地觉得自己的孩子不如别人家的孩子，经常抱怨孩子“发育慢”“没有才能”“没有长处”等。殊不知，自己越这样说，孩子的表现就越消极。

日本脑科专家七田真说过：“每个孩子都会成为家长想象中的样子，积极的态度塑造出积极的孩子，而消极的态度也一定会塑造出消极的孩子。”

其实，孩子是否有出息，和父母有很大的关系，孩子呈现出的状态其实就是家长教育的结果。所以，作为妈妈，如果你想让自己的孩子有出息，就应该停止用消极的态度对待孩子。

但令人遗憾的是，并非所有的妈妈都能意识到这一点。现实生活中，很多妈妈会在有意或无意中对孩子采取消极的态度，在不经意间对孩子使用负面语言。

门铃响起，妈妈打开门，走进来的是自己的邻居张阿姨。妈妈请张阿姨进门。这时，三岁的萌萌正高兴地玩着遥控汽车。她拿着遥控器追着玩具汽车跑，不停地从张阿姨和妈妈之间穿过。妈妈一把拽过萌萌，训斥道："你这孩子，怎么这么不懂礼貌！赶紧向张奶奶问好！"

萌萌被妈妈的厉声训斥吓了一跳，呆呆地立在原地，一时竟不知如何开口打招呼。

妈妈感到非常尴尬，抱歉地对张阿姨说："这孩子总是这样，见到陌生人都不敢说话，嘴上像贴了封条似的。"

从那之后，只要家里来客人，萌萌都会一声不吭地回屋去。这让妈妈感到非常烦恼。

萌萌妈妈虽然很注重礼节，却忽视了教育方法，把孩子吓了一大跳，也让孩子在客人面前"丢了脸"。萌萌这么小的年龄就遭受这样的打击，而且听到妈妈用消极的语言标签"这孩子总是这样，见到陌生人都不敢说话，嘴上像贴了封条似的"，让萌萌感觉自己可能天生就这样，于是产生认为见到客人躲起来是理所当然的想法。同样是教育孩子讲礼貌，彤彤妈妈的做法和萌萌妈妈却截然不同。

门铃响起，彤彤妈妈打开门，同事小陈走了进来。彤彤妈妈请小陈进门。此时，四岁的彤彤正兴高采烈地玩着遥控汽车。她拿着遥控器追着玩具汽车跑，从陈阿姨和妈妈之间穿过，匆匆向陈阿姨问好之后，就追着自己的玩具汽车继续玩起来。妈妈在一旁叮嘱道："慢点儿跑，当心别摔了。"

过一会儿，客人离开了，妈妈把彤彤叫到跟前，给她讲了个不讲礼貌的故事。故事中有家里来了客人的场景。之后，妈妈问彤彤："你觉得自己这样做对吗？"彤彤有点儿不好意思地回答说："不对，妈妈，我以后不会这样了！"妈妈听到彤彤这么说，欣慰地笑了，而且不失时机地鼓励她："妈妈就知道彤彤是个懂礼貌的好孩子！"

从那之后，只要家里来客人，彤彤就会很有礼貌地问好。客人都夸彤彤是个懂事、有礼貌的好孩子，也赞扬彤彤妈妈教育得好！

两个案例虽然同样是在教育孩子要讲礼貌，但彤彤妈妈采取了积极的教育态度，通过故事教育的方法让孩子理性地判断自己的做法，随后又不失时机地鼓励孩子，让孩子觉得自己是个"懂礼貌"的好孩子，这样自然会表现得越来越好。

这两个故事其实就是在提醒妈妈们，如果你希望自己的孩子表现得更加出色，就要给孩子以积极的引导和暗示。那么，妈妈要怎么做才算是用积极的态度或方法教育孩子呢？

1. 不要过于看重孩子的错误

"找出错误，才能进步"，这句话其实是有相对性的。"找出错误"可能让人进步，也可能让人沿着这个方向继续错下去。

很多恨铁不成钢的家长似乎变成了专门鸡蛋里挑骨头的专家，动不动就指责、挑剔孩子，导致很多孩子信心尽失；还有的孩子非常害怕犯错，可越害怕犯错，就越容易犯错。当孩子感觉不到自己的“进步”时，他们自然就会破罐子破摔，一步步错下去。

所以，作为妈妈，如果你希望自己的孩子成长进步，就不要对孩子太挑剔，不必对孩子的错误耿耿于怀。

2. 相信孩子，给孩子以积极的期待

妈妈有益的帮助会促进孩子积极的发展；反之，消极的期待则会导致孩子发展趋向消极。如果妈妈认为自己的孩子不可能做好某件事，得到的结果通常就是如此。

事实上，期望对孩子的影响很大，如果妈妈不相信孩子的能力，预期孩子会失败，那么孩子的心理或言行上就会表现出缺乏信心的状态，并最终导致失败。反之，如果妈妈相信孩子的实力，经常鼓励孩子，那么孩子成功的概率就会增大。

3. 以身作则，做孩子的榜样

一个心态消极、喜欢抱怨的妈妈，会在潜移默化中影响孩子的成长，给孩子的心理带来阴影，让孩子变得很消极。相反，积极乐观的妈妈培养出来的孩子也会更加积极、乐观、向上。

所以，作为妈妈，尤其是心态消极的妈妈，必须从孩子的角度出发，重新塑造自己的人格，努力做好自我调整，让自己具备乐观的人生态度，如此才能给孩子做个好榜样。

打骂式教育，容易使孩子变得暴戾

受传统思想的影响，很多父母都持“棍棒底下出孝子”的观点，在教育孩子时，动不动就非打即骂。殊不知，慢慢地，孩子就会变得越来越暴躁。

一项媒体调查显示，一半以上的儿童都遭受过父母不同程度的打骂、体罚。孩子被打骂得越多、程度越大，性情就越暴戾。

十二岁的培明是个非常调皮的孩子，从小就受到了妈妈严厉的管教，妈妈经常因为培明的不听话而对他非打即骂。一天，培明逃课去网吧。老师打电话给培明的妈妈，告诉她培明当天没去上课。妈妈一听，立刻火冒三丈，赶忙从家里出去找培明。

当她看到儿子坐在网吧里玩得不亦乐乎时，立刻气不打一处来，上前扯住他，并打了他两巴掌，接着拿起网吧的拖把朝他身上打去。培明挣扎着从地上站起来，妈妈又给了他一拖把，如此反复多次。围观者甚多，都纷纷劝阻，妈妈这才住手，同时破口大骂起来："你要是再敢逃学上网，看我不打死你！"

培明暗下决心，一定要离开这个家。当晚，培明收拾好东西离家出走了。直到第二天早上八点多，妈妈才发现培明离开家了，接下来的几天也不见踪影。这可把她急坏了，赶紧四处打听培明的下落。

就在全家人一筹莫展的时候，家里接到了派出所的电话。原来，培明因为妈妈暴打自己的事离家出走后，身无分文的他在饥寒交迫下选择了偷盗小超市的零食，被街道巡逻的民警逮个正着。直到此时，妈妈才后悔莫及。

通过这个案例我们不难看出，打骂教育只会事与愿违，父母越打骂孩子，孩子的脾气就会越犟，说谎、打架、离家出走等发生的频率就越高。

国外行为学专家研究发现，一见孩子犯错误就大发雷霆，大声训斥，甚至打骂，这样重复下去，孩子对训斥的适应能力就会逐渐提高，日积月累，孩子就会对一般的训斥持无所谓的态度。心理学家也指出，家长在孩子的成长过程中采取打骂方式，会给孩子造成诸多心理问题。可见，棍棒式的教育方式是不科学的。

孩子与大人一样，也有自尊心。面对孩子的错误，妈妈要因势利导，而不能动不动就打骂，打骂这样的教育方式只会扼杀孩子的聪明才智，不利于孩子的健康成长。比如，孩子自控能力差，有些过激行为，其实这都是很正常的，妈妈应该动之以情，晓之以理，长期进行耐心的说服教育，而打骂只会让孩子口服心不服，让孩子产生逆反心理。

有的大人哀叹现在的孩子“越来越难管”，其实不然，关键是父母的教育方法不合适。父母是孩子最好的老师，尤其是作为妈妈，你要想让孩子怎么做，首先自己要树立榜样。孩子喜欢模仿大人的言行，大人的一言一行对孩子的影响非常大，你不让孩子说谎，首先自己就不要说谎；你希望孩子喜欢看书，你就要自己勤奋看书；你要孩子唱歌跳舞，首先你要带头唱歌跳舞。自己做不到的事情，却要求孩子去做，孩子怎么能心悦诚服呢？因此，要对孩子多一些温情教育。打骂只会让孩子产生恐惧心理，让孩子心灵受到伤害，性格变得孤僻，变得胆小怕事，不敢越雷池一步，从而扼杀孩子的创造能力。

那么，妈妈如何才能避免粗暴专制地对待孩子呢？

第一，身为妈妈，要责无旁贷地主动吸收教育新知。在传统的亲子教育方式中，多半是父母用权威来教育孩子，而打骂处罚更是权威教育中的主要方法。吸收新知可以帮助妈妈跳出自己的成长经验，及时调整自己的教育观念。

第二，妈妈要真正放下身段，从内心尊重孩子。不要再用命令的口气跟孩子说话，要将孩子当成大人一样给予尊重。不要总是对孩子说“不”，要给孩子选择题，让孩子自己做决定。

第三，妈妈不要总是拿放大镜去看待孩子，不要总拿孩子做不到的标准去要求孩子。要知道，孩子年龄还小，有好动、固执、健忘等现象都很正常。妈妈如果真的要给孩子提要求，就一定要选择适合这个年龄段孩子的要求。

最后，当妈妈面对不听管教的孩子而有些气急败坏时，不应该破口大骂，而是应该冷静下来，尝试着多一分耐心，问问孩子这么做的原因是什么。当妈妈把心思放在了解孩子的想法上时，也许就会发现孩子的行为其实是情有可原的。如果在极度愤怒的状况下，妈妈实在无法以理性的方式来管教孩子时，应选择暂时离开现场，或是转移自己的注意力，如和朋友聊天、听音乐等。等自己平静下来以后，再和孩子好好谈谈。

妈妈性情温和，孩子才会更有出息

孩子的智力、性格、人生观等方面的形成和发展受多种因素的影响，包括父母的影响、周围伙伴的影响、接触人群的影响，而影响最大的就是父母，尤其是妈妈。

父母的态度正确与否，关系着孩子能否被教育好。香港大学一位心理学博士针对家长坚持的“孩子教不好是孩子有问题”的观点做实验，结果发现，“问题孩子”有问题的罪魁祸首其实就是父母在对待孩子的态度上出了问题。

父母对孩子的态度至关重要，会影响孩子对生活的看法，也会影响孩子智力和能力的发展，以及孩子的行为和道德发展。总之，父母给孩子的成长提供了大量的实践材料，孩子的各种行为都受父母态度的影响与强化。

华盛顿是美国第一位总统，他自幼非常崇拜英雄人物。当他看到哥哥穿着军装到前线打仗时，内心非常羡慕。一天晚上，吃过饭后，他突然想到了一个问题，立刻跑到父亲面前，开心地问道："爸爸，我长大以后也要像哥哥一样，当个勇敢的军人，可以吗？"父亲高兴地回答："当然可以，亲爱的孩子！""可是，你知道什么样的孩子才可以成为勇敢的军人吗？"父亲反问道。华盛顿想了想，回答道："诚实的孩子才可以成为勇敢的军人，是这样吗？""是的。只有诚实，大家才能团结一致，而只有团结一致才可以战胜敌人，成为勇敢的军人。"

华盛顿的父亲不但对孩子进行说教，而且更注重身教。父亲的农场有棵小樱桃树，那是父亲为纪念华盛顿出生栽种的。小樱桃树伴随着华盛顿的长大也越长越高。华盛顿非常想成为一名威武的军人，一天，他打算做把小木枪，把自己武装起来。他原本想请父亲帮忙，但是当他看到父亲忙碌的身影时，决定自己动手做木枪。华盛顿拿起锯子、斧子，找了棵比较纤细低矮的小树，将它锯倒。哪知道这棵树刚好就是那棵父亲最心爱的樱桃树。

父亲得知这件事，大发雷霆，质问是谁干的。华盛顿躲在屋子里，内心很害怕。虽然他担心父亲会责备自己，但仍然勇敢地站了出来，走到父亲面前，惭愧地说："爸爸，是我干的。""小家伙，你砍了我心爱的樱桃树，难道不怕我惩罚你吗？"

华盛顿见父亲气未消，回答道："爸爸，您不是说，要想当一个军人，首先要拥有诚实的品质吗？我刚才告诉您的是事实呀。我没有撒谎。"

听到儿子这么说，父亲颇有感触。他意识到孩子身上的优良品质比自己那棵心爱的樱桃树更珍贵，便一把抱住华盛顿，安慰道：“爸爸原谅你，孩子。勇于承认错误是英雄行为，要比一千棵樱桃树还有价值。”

正是由于华盛顿父亲的开明，才让华盛顿逐渐具备各种优良的品质，这些品质在他开创伟大事业的过程中起到了至关重要的作用，为他创造了一个又一个奇迹，最终使他赢得了美国人民乃至全世界人民的尊敬。

大量事例表明，父母对孩子的态度和孩子性格等方面的形成有着密切联系。如果父母，尤其是情绪更多变的妈妈对孩子忽冷忽热、反复无常，孩子就容易情绪不稳、多疑多虑、缺乏判断力；如果妈妈对孩子太严厉，孩子就会表现出逃避、反抗、胆怯或残暴，有的甚至会养成当面一套、背后一套的坏习气；如果妈妈过分保护孩子，不放手让孩子自己去做事，孩子就很容易出现消极的性格，依赖性强，缺乏责任感和忍耐力，不适应集体生活，遇事优柔寡断；如果妈妈过于溺爱孩子，孩子就会撒娇放肆，以自我为中心，缺乏责任心，缺乏耐性；如果妈妈对孩子过于冷淡，孩子长大后就会不断寻求他人的爱护，通过招惹别人的方式引起别人对自己的注意，有的喜欢攻击挖苦他人，有的却性格冷漠、与世无争；如果妈妈对孩子采取爱而不娇、严格民主的态度，孩子就会表现得亲切、直爽、活泼、端庄、独立、善于社交等。

可见，妈妈在教育孩子的时候，应注意自己日常生活中的不良情绪对孩子的影响，不管在什么时候，不管发生什么事，都要切记，千万不要在孩子面前表现出消极情绪，否则孩子就会处在不和谐的家庭环境中，情绪上也会变得消极。因此，妈妈要用温和的态度对待孩子，因为温和的教养方式更利于孩子的健康成长。

可能对于大多数妈妈而言，短时间内对孩子保持温和的态度很容易，难就难在每天都对孩子保持温和，可只要是真正为孩子的健康成长着想的妈妈，其实都能很容易地保持温和。

惩戒无界限，孩子有阴影

惩戒是教育中的重要部分，缺乏这二者的教育就是不完全的教育。而惩戒是一把双刃剑，稍不留意就可能会伤及孩子。所以，妈妈在教育孩子的过程中，一定要因人而异，把握好其中的分寸。

教育的目的是唤醒孩子内心的美好品质。在批评、惩罚孩子的过程中，妈妈要意识到最重要的是要唤醒孩子的自尊、自信、自爱、自强与自制，即要唤醒孩子的人格心灵与自我意识，变教育为孩子的自我教育，否则，妈妈的批评、惩罚就会变得没有意义。

而想要做到这些，妈妈在批评、惩罚孩子的时候，最重要的原则就是懂得控制好自己的情绪，学会冷静、理性地处理问题。不管孩子犯的过失是大还是小，作为妈妈，都应该以心平气和的态度来对待。批评、惩罚孩子要站在关心爱护孩子的角度上，以解决问题、帮助成长为出发点。妈妈如果生气、愤怒，批评往往就会变成训斥，孩子往往不愿接受训斥，就有可能强词夺理，出现顶撞现象。这样的批评教育就容易演变成强制性的体罚。

除了把握好自己的情绪外，妈妈还应该了解孩子的心理特征。孩子虽小，但也像大人一样，有着强烈的自尊心。在批评、惩罚的同时，如果父母能够给孩子留一些面子，孩子不但会认错深刻，还会对父母投以感激的目光。

曾看到一篇名为《爸爸的“雷声”》的文章，出自一名小学生之手。文中写道：“别以为只有春天才会听到雷声，在我家里常常会听到雷声——那就是爸爸教训我时的大嗓门。我从小就淘气，不听话，只要被爸爸知道了，他立即睁圆双眼，隆隆的雷声马上就到，震得我不敢抬头。我的眼泪就像夏日的大雨，哗哗下个不停，那时我最恨我的老爸，每天最担心的就是他的雷声。我常常想：要是爸爸不打雷了，那该多好啊！”

曾有位女学生，她的父亲是位出租车司机，脾气暴躁，每天早出晚归，的确十分辛苦，总觉得自己可以把钱赚回来、养活家人就算尽了自己的责任，却从不关心孩子的成长。父亲只要一回家，从未用慈爱的眼神看过她一眼，也从没问过她在学校里的情况，常常说一连串责备她的话，挑剔她身上的毛病。当她考试成绩不理想时，父亲甚至不允许她吃饭，让她站在门外背书。

她越来越讨厌自己的父亲，甚至怕他、躲着他。后来，她变得自卑、多疑，总觉得有人在背后议论自己，也静不下心来学习，不能专心听老师讲课。从初一到初三，她从未和任何同学说过心里话，经常产生烦闷的感觉，做事缺乏热情，总觉得做什么事都没意思，整个人精神恍惚，学习成绩十分糟糕，人际关系也十分紧张。

可见，如果父母对孩子的惩戒没有界限，孩子的身心就会受到负面影响。如果父母对孩子发脾气、惩罚孩子的频率太高，还可能会给孩子留下心理阴影。

那么，作为妈妈，怎么做才既能教育孩子又能避免给孩子留下心理阴影呢？通常，在对孩子进行批评、惩罚时，妈妈应该注意以下细节。

1. 趁热打铁法

孩子的时间观念比较差，而且天性好玩，注意力比较分散，可能刚刚犯的错误，过一会儿就忘了。所以，妈妈批评孩子时必须趁热打铁，不能什么时候想起来就教育一通，否则很难起到应有的惩戒教育的作用。

2. 低声冷淡法

妈妈要以低于平常说话的声音批评孩子，但是要做到“低而有力”，这样更容易引起孩子的注意，也更容易让孩子注意倾听你说的话，低声的“冷处理”往往比大声训斥的效果更好。

3. 沉默不言法

孩子做错了事，总担心父母会责备自己。如果结果正如他所想的，孩子反而会产生“如释重负”的感觉，对接受批评和自己所犯的过错也就不放在心上了。反之，如果父母保持沉默，孩子反而会紧张，会感到“不自在”，进而在心里进行自我反省。因此，关于这一点，妈妈要努力学习一下。

4. 换位思考法

当孩子惹麻烦后遭到父母的责骂时，常常会出现推卸责任的现象。此时，作为妈妈，你不妨问问他：“如果你是那个人，你会怎么解释？”这样一问，孩子就会思考：如果我是别人，该说些什么？这种换位思考的方法会让孩子意识到自己也有错，而且会促使他反省自己，认识到推卸责任是错误的行为。

5. 声东击西法

著名教育家魏书生谈到，他的学生犯错误后只会受到三种惩罚：唱一首歌，做一件好事，写一份“说明书”。唱歌能陶其情，做好事能促其行，写“说明书”能练其功。魏老师的这些“处罚”措施可谓独辟蹊径，不仅收到了预期的效果，而且还让孩子在无形中获得了“意外”收获。

妈妈在批评、惩罚孩子前，要意识到自己的言行对孩子会产生潜移默化的影响，要注意自己的言语、行为是否恰当，是否能被孩子接受。批评、惩罚不一定非要疾风骤雨，用幽默的语风或采取温和的手段来教育孩子，更有可能获得惊喜。

妈妈太严厉，孩子缺乏安全感

心理学实践表明，有心理问题的孩子，大多是因为妈妈采取“单向教育”的方式。也就是说，妈妈在教育孩子时拥有绝对的权威，习惯了严厉，总觉得态度太过温和达不到教育的目的。虽然妈妈的出发点是好的，但却恶化了亲子关系，让孩子丧失了安全感与归属感，最终影响孩子的身心健康和个性的健全发展。

大量事例表明，从严、粗暴的教育方法，不仅达不到教育的目的，还会让孩子形成孤僻、胆怯、仇视、攻击等心理问题，这很容易导致孩子日后出现不良行为，甚至违法犯罪。

1. 过于严厉会让孩子变得懦弱

倩倩从懂事开始，就不敢到集体场所玩耍，不愿和其他小朋友交往。父母的好友到家里来访时，她都会躲起来，经常一个人玩玩具。

等倩倩到了上幼儿园的年龄时，说什么都不肯去，经常在上学的路上大哭大闹，到幼儿园后独自躲在角落里，不参加集体游戏，整个人显得很被动。

上小学后，倩倩和老师、同学接触时显得很紧张、不自然，甚至感到别扭。她几乎不和陌生人说话，不敢和其他同学对视，更无法在他人的注视下学习。

倩倩的父母非常着急，带着她去看心理医生。医生询问他们在家是怎么教育孩子时，他们事无巨细地说了出来，坦言从小对倩倩的管教有些严厉，经常训斥她，偶尔还会动手打她。医生听后频频摇头，指出倩倩的问题其实就是父母严厉的家教导致的。

倩倩的胆小怕事其实属于社交恐惧症。归根结底，是父母对孩子宣泄不良情绪、粗暴干涉孩子心灵自由发展导致的。孩子心灵的健康成长需要五大自由：看、听、感受、幻想、情绪的释放。但是很多妈妈总喜欢用自己的判断去代替孩子的判断，不给孩子思考、决定的自由，不允许孩子表达正常的情绪。把孩子管得太严，导致孩子的心理防御系统自动开启，他们常常觉得自己做什么都是错的，什么都不如别人，逐渐变得自卑，不敢去尝试，进而脱离社会生活，形成社交恐惧。

2. 严厉会导致孩子出现强迫症

有位年轻的妈妈带孩子去看心理医生，她说不知道从什么时候开始，自己的孩子洗一次手要花半个小时；拒绝吃被人摸过的食物；走路的时候只走直线、直角，几乎到了事事强迫的地步……心理医生说，这是典型的强迫症的症状。原来，孩子是家里的独生子，家人对他的期望很高，希望他比任何人都强。从孩子踏入学校大门口那天开始，妈妈对他的学习、生活都要求十分严格。虽然孩子年龄不大，但自律性非常强，几乎从不在业余时间和其他同学玩耍。成绩不好时，不但会受到妈妈的批评，还会有一系列的惩罚措施。在这样的环境中，孩子逐渐开始学会顺从妈妈的意见去努力学习，以达到妈妈期望的高度，同时，按照妈妈的标准来要求自己。

有的妈妈对孩子的期望很高，实施了严格的家教，在家庭环境的影响下，这些孩子也开始对自己有较高的要求。可一旦孩子经历了某些挫折，就容易出现不能接受事实的心态，逐渐显现出强迫思维等症状。生活中，妈妈应多给孩子一些鼓励，教育孩子战胜自我，不要因为孩子达不到自己的期望值而打击他们。

3. 严厉会导致孩子产生厌世情绪

小季的成绩非常好，在班级上一直名列前茅，各种竞赛也经常拿奖，但是最近一段时间，小季的举止异常，上课心不在焉，说话时更是语无伦次。一天，他竟然对老师说："活着真没意思。"老师吓了一跳，经过家访才发现，因为父母对他的家教太严，对孩子总是采取否定式的教育方式，使小季已经憋出病来了。

小季家长有“望子成龙”的愿望是很正常的，但因此过于严苛要求孩子，就会违背孩子自身的发展规律，最终使小季对生活产生了绝望，对人生产生了厌恶的念头。可见，要使教育获得成功，就必须全面了解孩子的身心健康，遵循孩子生理和心理的发展规律。

父母对孩子严厉无可厚非，但严而有爱、严而有方、严而有度，才是负责任的“严”。父母对孩子的爱必须体现在严而有爱之中。“爱”和“严”是辩证的统一。

著名的苏联教育实践活动家、教育理论家马卡连柯说过：“我的基本原则永远是尽量多地要求一个人，也要尽可能地尊重一个人。”实际在说，在我们的辩证法里，这两者是一个东西：我们对那些不尊重的人，不可能提出更多的要求。当我们对一个人提出很多要求的时候，在这种要求里也就包含着我们对这个人的尊重。正因为我们向他提出了要求，正因为他完成了我们的要求，所以我们才尊重他。

不讲究方式方法，往往事与愿违，造成家庭关系紧张，甚至恶化。因此，妈妈对孩子的爱，要体现于严而有度之中。严而有度，就是说要严得适度。过犹不及会造成不良后果，要求太高，力所不及，无济于事，等于没有要求。

批评孩子，坚持对事不对人

孩子阅历少，自律性差，犯错误也是人之常情。妈妈该怎样教育孩子才算正确呢？特别是当孩子出现不良的行为习惯和不好的思想道德表现时，妈妈给予孩子适当的提醒和警诫，帮助孩子明辨是非是很必要的，但是要就事论事，遇到什么问题就谈什么问题，千万不要借题发挥，更不能对孩子进行人身攻击。

想妥善处理好家庭关系，首先要尊重孩子，因为孩子也是有自尊心的，而且孩子的自尊心更脆弱，它如同一张白纸，一旦被捅破，修复起来就难上加难。教育孩子的基本原则就是“对事不对人”。也就是说，当孩子惹了麻烦时，妈妈要针对情景展开话题，而非妄议孩子的人品和人格。

妈妈在批评、惩罚孩子时，一定要做到对事不对人。也就是说，只针对孩子的行为提出问题，绝不可错位，即不能对人不对事，否则，很容易使孩子丧失羞耻心、荣誉感和进取精神。现实生活中，很多家长在奖励孩子时，过分关注孩子所做的事；而在惩罚孩子时，又过分关注犯错误的人，即孩子。

那么，在批评孩子时，怎么才能做到对事不对人呢？首先，从大的方面说，妈妈要想在批评中真正做到“对事不对人”，必须保持平静、和谐的心态。如果发现自己面对孩子的心态出现了比较严重的问题，就必须立即停止对孩子的批评，否则批评就很容易变成“体罚”或“心罚”，成为直接指向孩子的身体攻击或语言攻击行为，最终伤害孩子脆弱的心灵。

从操作细节上说，妈妈要尽量避免一开始就指出孩子的错误，而且要求其改正，否则就相当于打了孩子一个耳光，这会让孩子对妈妈产生强烈的反感。在批评孩子之前，妈妈应该先想办法消除孩子的防卫心理，让孩子能听得进去。所以，在开始批评之前，首先要表扬孩子，先列出孩子优秀的一面，肯定他这个人。当发现孩子被正面情绪围绕的时候，批评的时机就成熟了。

批评时，只对事情进行评价，千万别让自己带着负面情绪，否则就会功亏一篑。要心平气和、面带微笑地陈述事情，让孩子明白他造成的危害，给孩子机会说出犯错误的原因，此时孩子才能客观、公正地看待自己。等孩子承认了自己的错误后，妈妈再教导孩子如何改正，以防日后再犯此类错误。这样一来，孩子不仅不会对父母产生负面情绪，还会把父母当成好朋友。

比如，当孩子做错了一道数学题时，妈妈正确的批评是：“这道题你好像做错了，做作业要认真、仔细，知道吗？”而错误的批评是：“你这个笨蛋！这么简单的题目都能做错！”后面这种批评就是对人不对事，把批评变成了指责，变成了人身攻击，使孩子产生负罪感，降低孩子的自尊和自我评价能力。

而更好的批评方式是："我发现你做作业的速度比原来快了，这很好，可是出现了一些错误，如果你下次做作业时再认真、仔细一点就更好了。"哪怕孩子作业没有以前做得快，你也要这么说。这样的批评具有建设性，孩子下次做作业不但速度快，而且会认真、仔细，并且这种批评，孩子乐于接受。

我国著名教育家陶行知先生有这样一个教育学生的故事。一天，陶行知先生看到一名男生想用砖头砸同学，他制止了那名学生的行为后，责令他来到办公室。

陶行知简单了解了情况后回到办公室，发现那名男生正在等他，于是掏出一颗糖递给他："这是奖励给你的，因为你比我准时。"随后又掏出一颗糖："这也是奖励你的，我不让你打人，你立刻就住手了，说明你很尊重我。"

那名男生将信将疑地接过糖，陶行知又掏出一颗糖给他："据了解，你打同学是因为他欺负女生，这说明你有正义感。"这时那名男生哭了："校长，我错了。同学再不对，我也不能采取这种方式。"陶先生接着掏出第四颗糖："你已经认错了，再奖励你一颗。我的糖分完了，我们的谈话也该结束了。"

陶行知先生如此处理学生"打架事件"，打破了传统教育孩子所采取的训诫方式，他针对事件评议事件，而没有对孩子进行任何道德或品质上的指责，让孩子在轻松的气氛中深刻认识到了自己所犯的错。

孩子在成长的过程中犯错，做出有违父母意愿的事情在所难免。妈妈在处理这些“问题孩子”时，应该向陶行知先生学习，设身处地替孩子着想，如此才能达到事半功倍的教育效果。

第二章
低姿态交流，和孩子“平起平坐”

妈妈想教育孩子，首先要把孩子当成一个独立的个体，而并非自己的附属品。只有当孩子被平等对待时，孩子才会觉得妈妈是尊重自己的，才会从自己的角度看问题，反过来尊重妈妈，相信妈妈的教育。严厉和训斥只会促发孩子的逆反心理。

沟通之前，先和孩子交朋友

有个年轻的妈妈讲述自己教育孩子过程中的苦恼：

儿子刚上小学四年级，无论在家还是在学校都十分顽皮。说脏话，乱涂墙壁，打小报告，捉弄他人，与父母、师长顶嘴……总之，什么捣蛋的事他都做，这让孩子的妈妈感到束手无策。管教孩子的所有招数都用上了，比如喋喋不休地提醒、大喊大叫地命令等，可一点儿作用都没有，儿子根本就不理睬，有时还扮出一副暗自得意的样子。妈妈难免有怒火上冲的时候，就把孩子痛打一顿，过后，又对自己惩罚的方式后悔、内疚不已。

英国教育家斯宾塞说过："对孩子训话意味着你要求他绝对服从，让他像你一样思考问题。和孩子进行朋友式的交谈，意味着大家一起寻找方法解决问题，重新衡量自己的观点，搞清楚究竟谁的更符合实际。"为人父母的，总希望自己的管教可以起到立竿见影的效果，让孩子不再犯同样的错误，但孩子偏偏就是屡教不改，究竟是孩子太顽固，还是父母的教育方式出了问题？

其实，每一个孩子都是明事理的，只要父母善于与孩子沟通，孩子就会知道父母是非常爱他的，也是很尊重他的。而通过沟通，孩子就会知道，哪些行为是对的，哪些行为是不可取的。通过沟通，父母还可以更好地了解孩子的想法和行为动向。

当然，在交流的过程中，父母最好是蹲下身子，近距离接触孩子，两眼直视孩子，直接、果断、清楚地向孩子表达自己的意见或思想，如此他才能遵照你的想法去做。当然，语气要坚定，但绝不严格。父母的语气要透露出自己说到做到，并且一定要他照办的坚决。这样，不但可以有效沟通，而且还可以消除孩子抗拒或抱怨的情绪。

蹲下身子，与孩子平等地沟通尤为重要。

一个两岁半的小女孩不喜欢和妈妈一起逛礼品店，每次妈妈带她去礼品店，她都会哭闹不停。

这位妈妈百思不得其解：礼品店里的商品五花八门、琳琅满目，按理来说，小孩子会很喜欢这些东西，可是为什么自己的女儿不喜欢呢？

一天，她终于找到了其中的原因。她领着孩子在礼品店来来往往的人群中挤来挤去时，女儿的鞋带开了。她蹲下来给女儿系鞋带，突然，她发现自己眼中那些精美的礼品消失了，只剩下一条条大腿和一双双大手。大人们来回摆动的胳膊和带棱角的大书包时不时磕碰女儿的小脸和弱小的身体……她终于明白女儿为什么不喜欢来礼品店了。

通过这个故事，我们不难看出，要想了解、引导孩子，妈妈就要学会蹲下身子，拉近和孩子之间的距离。聪明的父母绝对不会采取吼骂的教育方式，他们责备孩子时，一定会蹲下来，让自己的眼睛和孩子的眼睛处在同一高度上，然后握住孩子的手，轻声地和孩子说话。他们认为，在蹲下来与孩子目光平行的时候，无形中，孩子便会乖乖听话。

如果大人总是站直身体面对孩子，那么大人和孩子的距离就不仅是身高上的差距，更是一代人和一代人之间的距离，是一颗心和一颗心之间的距离。因此，妈妈要意识到，蹲下来和孩子交流，其实是对孩子的关心、理解与爱护；蹲下来和孩子交流，孩子和大人的距离就会缩短；蹲下来和孩子交流，是大人关心孩子内心世界的体现；蹲下来和孩子交流，家庭氛围更民主、更和谐。

现在有很多孩子在学校里活泼好动，一回到家就变得沉默寡言，从不主动开口和家长说话。孩子的父母感到奇怪：孩子怎么在外面和在家里判若两人？其实，孩子回家之后不想说话，绝大部分原因是畏惧父母的强势，因为父母和孩子说话时常常一副居高临下的气势，只知道一个劲地给孩子灌输自己的思想，却忽略了孩子表达意见的权利。

父母和孩子说话的时候不妨蹲下身子，设身处地为孩子着想，用孩子能理解和接受的方式平等地与孩子交流、沟通，如此，不但能帮助父母更全面地了解孩子，还能有效促进孩子的身心健康发展。

现代社会，由于生活节奏快、工作压力大，很多父母根本没时间关注自己的孩子。他们一心为了事业，早起匆忙赶去上班，到很晚才拖着疲倦的身躯回家，回到家后还要忙着做饭、做家务，饭后立刻催孩子回房间写作业，而自己加班加点工作到深夜，无形中忽略了孩子的情感需求。

久而久之，在父母的忽视和冷淡中成长的孩子，就很容易出现各种心理问题，如孤独、自闭、不善交际。心理学研究表明，缺少父母关注的孩子很难很好地与人相处，他们不敢去冒险、探索，也不敢和陌生人接触。可见，孩子的健康成长是需要父母陪伴的。

在过去，孩子放学后，全家人围坐在一起吃晚饭，晚饭过后，还会到院子里乘凉、聊天，热闹非凡。逢年过节的时候，全家人欢聚一堂，晚辈向长辈拜年，长辈分发压岁钱，一派其乐融融的景象。但是，如今的情况却大不相同，家长们忙着做自己的事，孩子有自己的乐趣，亲子关系逐渐淡薄。一方面是文化和社会变迁所致，另一方面和家长与孩子相处时缺乏民主态度有关。为人父母，总是想在各方面给予孩子最好的，却忘了要和孩子同乐。

有这样一位妈妈，一天晚上下班，她拖着疲惫的身体回家了，走到小区门口，她看到5岁的女儿正在等她，由于白天的工作使得她的心情很差，于是，她面无表情地带着女儿回到家里……

“妈妈，”女儿叫住她，“您可以答应我一件事情吗？”

“什么事？”

“我能去您的单位吗？”

“你去我单位干什么？我在工作，又不是玩！”妈妈生气地朝孩子吼道。

女儿看到妈妈凶神恶煞的模样，只好默默地回到房间。

冷静一会儿之后，妈妈觉得自己不该对孩子那么凶。

于是，她来到女儿的房间，问道：“你为什么想去妈妈的单位？”

“我总看不见妈妈，我想妈妈，到妈妈单位就可以天天看到妈妈了。”女儿小心翼翼地说。

女儿的话击中了妈妈的软肋，她感到最近一段时间的确对女儿的关心太少了。从那之后，她每天下班后都会立即赶回家陪孩子，而且非常注意和孩子心灵上的交流，女儿也从原本的沉默寡言变得活泼、开朗起来。看到女儿每天都健康快乐地成长，妈妈终于明白陪伴的价值有多么宝贵。

的确，孩子的健康成长需要父母的陪伴。再忙也不能忽视孩子的存在，称职的父母总会忙里偷闲抽时间陪孩子。陪伴孩子不仅不会枯燥无味，恰恰相反，你能获得更多的幸福感和满足感，这是任何东西都取代不了的。更重要的是，在陪伴孩子的过程中，父母和孩子都能有意想不到的收获。

现在的孩子学习压力大，每天晚上写作业到深夜，周末又被各种补习班、兴趣班侵占，小小年纪就顶着巨大的压力。其实，父母的陪伴比请家教的效果好十倍。有的父母觉得自己文化低，孩子学习的内容又太深奥，根本帮不上孩子，其实，父母只要陪着孩子一起学就可以了，没必要事无巨细地给孩子讲解。即使自己不懂，也可以读一读要领、例题，引导孩子去思考。

造成亲子之间隔阂的还有一个原因，就是孩子和父母之间没有共同的兴趣爱好，最终导致孩子不愿与大人交流，成人也走不进孩子的世界的局面。可如果父母和子女一起玩，就能减少彼此之间的敌意，达到和谐相处的目的。

罗杰超非常喜欢足球，每次电视播放足球赛，他都看得很入迷。有一次，他很晚才回家。妈妈非常着急，正准备打电话报警时，罗杰超却高兴地回来了。妈妈气急败坏地想要揍他，他却委屈地说：“妈妈，您从来都不带我看球赛，我已经拜托您很多次了，可您每次都说忙，或者还有别的事要做。”

听到儿子这么说，妈妈高举的手又放了下来。她恍然大悟，儿子多么希望自己可以和他有共同爱好啊。从那之后，为了弥补孩子，妈妈经常和他一起去看足球赛、讨论有关足球的话题。

无论多忙多累，父母都不该忽视孩子的存在，要和孩子交流、玩耍，在这个过程中，既能缓解自己的工作压力，又能增进亲子关系，可谓一举两得。

尊重孩子，不做“独裁专制”的妈妈

妈妈在客厅大声呵斥六岁的儿子：“跟你说过多少回了，叫你不要捣乱，你偏捣乱！弄坏了人家的东西，怎么办？你真是个小糊涂虫！”孩子被吓哭了，妈妈大声命令：“不许哭！你不好好反省，还好意思哭！”

这样的情景经常在一些家庭上演。这位妈妈向孩子灌输责任意识并没有错，但她蛮横霸道、出言无状的方式，只会使教育效果大打折扣。

孩子在价值观和性格成型之前，受环境的影响很大，可以说，孩子最终成为怎样的人，取决于环境的好坏。大家都知道“孟母三迁”的故事，但许多父母并不知道，我们自身，我们的家，我们的一言一行，都是孩子成长环境的一部分。

心理学家诺尔蒂生动地描绘了教育环境和儿童行为的关系：如果儿童生活在批评的环境中，他就学会指责；如果儿童生活在敌意的环境中，他就学会打架；如果儿童生活在嘲笑的环境中，他就学会难为情；如果儿童生活在羞辱的环境中，他就学会内疚；如果儿童生活在忍受的环境中，他就学会忍耐；如果儿童生活在鼓励的环境中，他就学会自信；如果儿童生活在赞扬的环境中，他就学会提高自己的身价；如果儿童生活在公平的环境中，他就学会正义；如果儿童生活在安全的环境中，他就学会信任他人；如果儿童生活在赞许的环境中，他就学会自爱；如果儿童生活在互相承认和友好的环境中，他就学会在这个世界上寻找爱。

传统的家庭教育模式是父母高高在上，以君主管理臣民的方式管理孩子。管束、制约和教条是家庭教育的主题。父母最关心的是实际效果，而不是对孩子情感的关怀，这只能培养出独断的“小皇帝”或软弱的“奴才”。在今天全球化的形势下，我们要培养自尊自爱、平等博爱的孩子，首先要给孩子一个平等开放的成长环境。

那么，妈妈该如何做才算是尊重孩子呢？

1. 为孩子营造畅所欲言的家庭氛围

传统型的家庭教育讲究“大人说话小孩听”的规则，大人或者谈论自己的话题，或者对小孩耳提面命，而小孩儿很少有机会谈论自己的感受和想法。时间长了，孩子就会有意掩盖自己的感受和想法，于是两代人之间就出现了“代沟”，妈妈根本不知道孩子的所思所想。一个在缺乏温情和交流的环境中成长的孩子，成年后回想过去的遗憾，这样写道：“我从小依赖妈妈，但是又怕妈妈；我很想走进妈妈的心，但是又很难走进妈妈的心；我很想和妈妈平等交流，但是又很难和妈妈平等交流；我很想和妈妈和睦相处，但事实上我们之间总是相互折磨。家庭教育中的硬暴力和软暴力对我的身心伤害还是很大的。”这段话中的描述其实正是很多孩子面临的状况。

有的妈妈虽然喜欢和孩子交谈，可一旦孩子说了“错话”，做了“错事”，马上就板起脸，当起“教书先生”。这样孩子在谈话时就会有所顾忌，不敢随便说话了。有些妈妈在谈论自己的话题时，为了不给孩子增添压力，常常“报喜不报忧”，专谈“好事”，而对遇到的烦恼与问题则避而不谈。如此，妈妈和孩子的交流并不充分，孩子就会感觉自己游离在家庭之外，对家里的情况不太清楚，难以培养对家庭的责任感。

为了营造融洽的亲子关系，妈妈应该将孩子看成一个与自己平等的个体，给予他充分的知情权和话语权，家庭成员之间可以很开放地谈论自己的想法，妈妈更要鼓励孩子发表意见，说错了也没有关系。只有这样，大家才能真正心意相通，达到一种默契，彼此了解，轻松相处。

2. 家庭中不能缺少快乐

江涛的父母都是“乐天派”，虽然工作很忙，但是他们总能制造欢乐，有时哼个歌，有时讲个笑话，有时讲一些每天所见的趣闻乐事，家庭气氛相当活跃。江涛也经常加入谈话中，跟父母一起说说笑笑。受家庭熏陶，江涛也是个“乐天派”，每当遇到难事时，他总是信心十足地处理，显得很有办法，大家都夸他聪明；即使受了挫折，江涛也能保持良好的心态！

有调查结果显示，常有笑声相伴的家庭，孩子的情商和智商普遍较高。研究人员认为，家庭气氛活跃，会使孩子性格开朗。孩子在轻松、愉悦的环境中学习、生活，能使知识面拓宽，从而促进脑细胞的发育，并且有利于锻炼自己的交际能力。

反之，妈妈如果经常带着负面情绪回家，遇到一点儿小事就情绪喜怒无常，脾气暴躁，在这样的家庭里，孩子往往显得胆怯、压抑、谨小慎微，不敢尝试新事物。这无疑会制约孩子的智商和情商的发展。

3. 将孩子的心情列为重点关注的内容

沈女士由于经常出差，考虑到老公也要上班，一个人难以带好孩子，只好将孩子送到外公外婆家寄养。孩子的外公、外婆很疼小外孙，两家离得也不远，按说不会有问题。然而，让沈女士没想到的是，换个环境后，孩子突然“变坏”了，经常跟小朋友打架，有一次还将小朋友打得流了鼻血。沈女士大惑不解，带孩子去咨询专家，这才明白，原来孩子害怕妈妈不爱自己了，害怕被抛弃，内心焦虑，所以才出现了反常的举动。

心理学的多项研究表明：孩子出现行为问题，和家庭关系、环境变化有关。孩子的适应能力相对较弱，迁居、换学校等，都会引起孩子的心理波动。夫妻离异对孩子的心理影响尤其大，若不妥善疏导，可能会给孩子造成难以愈合的心灵创伤。

妈妈在做跟孩子有关的决定时，要充分考虑孩子的心情，最好事前多沟通，讲清情况，让孩子对将要面临的变化有所准备。

此外，保持和谐稳定的夫妻关系，对孩子的意义重大，这会在孩子心里建立一种信念：我们是一家人，任何困难我们都会一起面对。

总之，妈妈要将对孩子的爱落到实处，不仅要让孩子吃好、喝好、穿好，还要尊重孩子的感情，呵护孩子的心灵，让孩子的心里充满阳光和温暖。这样，孩子才能真正沐浴在妈妈的疼爱里。

不宠不骂，和孩子“平起平坐”

心理学研究表明，倾诉可以降低或消除心理压力，当人心理有了负担和问题时，找合适的倾听者倾诉是最好的办法之一。

很多妈妈常常抱怨“孩子不愿意与我沟通”“孩子总是把事情憋在心里”，但是她们很少想过孩子为什么不愿意和自己沟通。孩子的心声却是：“父母不了解我，他们常常自顾自地讲大道理，从来不听我的想法！”“我说什么他们都不认可，我还可以对他们说什么？”

其实，每个孩子都愿意和父母沟通，只是往往被父母有意或无意地关闭了沟通之门。

场景一：

妈妈正在看电视，孩子对妈妈说：“妈妈，我想到了如何消除学习疲劳的办法。”

“是吗？那你说说吧！”孩子开始“高谈阔论”起来，但妈妈并没有真正认真地倾听孩子的诉说，双眼一直没有离开过电视的屏幕。“妈妈，您说我的方法真的有效吗？”孩子征求妈妈的意见。“有效，有效。”妈妈仍然漫不经心地听着、说着，甚至根本没有正眼瞧一下孩子。孩子看了看妈妈，又看了看电视屏幕，失落地回了房间。

场景二：

孩子放学回来了，妈妈正在做饭，孩子兴高采烈地跑到妈妈的身边：“妈妈，今天我遇到了一件十分有趣的事情！”

“什么有趣的事情？你可别干坏事呀。”

“我正忙着，以后再说！”

“不要老提与学习无关的事，你期中考试的模拟题做完了吗？”

面对妈妈连珠炮似的说话和否定态度，孩子原本兴奋的劲儿一下子就没有了。

场景三：

“孩子整个下午都没有到教室上课，这可不得了。”班主任给家长打电话。

傍晚，孩子回到家，又急又气的妈妈大声训斥道：

“不好好学习，跑哪里去了？”

“我昨天才警告你在学校要遵守纪律，你什么耳朵！”

孩子嘟囔着“我……我……”似乎准备解释没能到校上课的原因。

“什么都别说了，有什么好说的？”

“丢人！”

“有本事连家也别回了。”

以上这三个场景对话中，这些妈妈都犯了个严重的错误——没有认真倾听孩子的心声。其实，“倾听”是一种非常好的沟通方式，它是开启孩子心灵窗户的“金钥匙”。妈妈千万不能因为孩子小而忽略他们的阐述，不管什么时候，都要和孩子面对面，平等地互相倾听与诉说。孩子有值得称赞的观点时，妈妈要表明支持的态度；孩子认识上存在误区时，妈妈可以循循善诱启发开导。

总之，当孩子想和妈妈讨论一件比较重要的事情时，妈妈一定要放下手头的工作，对孩子说的事情表现出兴趣。这样，孩子才能感觉到妈妈对自己的重视，他就会愿意主动敞开心扉，向妈妈说出自己的事情。有经验的妈妈会发现，无论孩子想和你诉说的是一件多么简单的事，只要你表现出认真倾听、感兴趣的样子，孩子都会兴致勃勃地讲下去，表达出自己的情感与思想。慢慢地，良好的亲子沟通关系就会建立起来。

聪明的妈妈不仅要做个高明的说者，更要做个高明的听者。只有专心地倾听孩子讲话的妈妈，才能做到平等地对待孩子。

那么，怎么倾听孩子说话呢？

1. 表现出倾听的欲望

不管有多忙，都要表现出对孩子即将谈话内容的兴趣，并做好认真倾听的姿势，千万不可做出三心二意的表情和动作，否则只会打击孩子倾诉的积极性。

2. 做出认真倾听的样子

孩子在倾诉的过程中，即使父母早就知道其中的内容，也不要表明，更不能不耐烦地说：“说点别的吧，这些我早就知道了。”作为父母，不该只是关心孩子的冷暖和吃住，更要关心他感兴趣的事。

3. 及时反馈意见、观点

其实，给孩子最好的赞美，就是让孩子知道自己所说的每句话你都在认真倾听。“你说得对！”“太好了。”“你继续说。”当然，除了这些语言的反馈，面部表情也能传达出你对孩子话题的兴趣。

无论孩子的话题多么简单，妈妈如果想表现出自己很感兴趣，兴趣就会自然而然地产生出来。如果妈妈一直沉着脸，什么都不说，一副漫不经心的样子，孩子就会失望万分，久而久之，孩子就会养成对什么事都漠然置之的态度。

现在的孩子越来越多地承受着直接或间接来自家庭、学校和社会的压力，因而妈妈更要学会倾听孩子的心声。常听家长说，孩子几乎不与家长交谈。实则是，孩子很愿意与家长交谈，只不过家长没有做好倾听的准备，不懂得如何激发孩子交谈的欲望与兴趣。

孩子一旦犯了错误或遇到不明真相的事情，很多妈妈为了省心，往往会采取训斥或搪塞的方法应付。事实表明，孩子遇到问题时，很多妈妈与之沟通、讲道理，由此产生的效果比其他任何方式都要好得多。

在学校，所有认识东强的同学无不说他是个霸道的人。在与同学玩耍的过程中，他要求同伴什么都必须听他的。稍有不顺，他就会生气甚至打骂起来。

新学期开学时，班主任到东强家里家访，刚进门，就听到东强的妈妈在训斥孩子，语气十分强硬，还经常冒出“必须”“一定”“绝对不行”等刺耳的词，而东强也一点儿不谦让，竟与妈妈大吵起来，丝毫没有示弱的趋势。

这让班主任十分震惊，他终于明白了，东强霸道的性格与他妈妈的教育方式有着直接的关系，正是妈妈不讲理、对孩子使用“铁血”政策，孩子在妈妈的影响下，才会变得霸道不讲理。

父母千万别小看孩子，以为他们还小，不明白是非，讲道理也是白讲，只要让他们按照自己的要求做就行了。的确，强硬或许一时能达到效果，但下一次或许再下一次，孩子还是会违逆你。所以作为妈妈，你更应注重说服的这个过程，也许一次达不到目的，但孩子受到潜移默化的影响，自然而然就能达到你想要的效果。

虽然与孩子讲道理有些费劲，但会让孩子铭记事理，受益终身。正如生病的孩子一样，在他知道药能治病的道理后，今后再生病，不管多苦多难受的药，他都会心甘情愿地吃下去。

当然，在实际情况中，妈妈可以采取多种形式跟孩子讲道理。比如，就眼前发生的事情进行说理，由某一句话联想到更多的事理，就生活的微小细节开导启发……而孩子都有纯真的天性，如果用童话的形式对孩子进行品格的塑造，也许还会收到意想不到的效果。一篇美妙的童话的作用，远远胜过长篇大论的说教。童话是鲜活的、灵动的、绘声绘色的，童话中的事物都是有生命、有感情、活灵活现的，他们的故事贴近孩子的生活，他们的行为贴近孩子的感受，孩子很容易认同这些角色。同时，孩子会用更加客观的眼光看待事物。用童话来讲道理，孩子不会觉得妈妈是在直接评判他，从而更容易接受。

跟孩子说理时不仅需要有耐心，妈妈还应结合孩子的心理特征，选择恰当的方法和技巧。

1. 要充分肯定孩子的长处

古语云：“数子十过，不如奖子一长。”跟孩子讲道理，应充分肯定孩子的长处，对孩子的进步给予及时的表扬和鼓励，在此基础上再对孩子的过错予以纠正，这样孩子就容易接受大人的意见。如果一味地数落孩子，责怪孩子这也不是、那也不对，就只会让孩子产生自卑心理和逆反心理。

2. 所讲的道理要合情合理

跟孩子讲的道理应合情合理，不能信口胡说，也不能苛求孩子。因为妈妈信口胡说，孩子是不会服气的，妈妈的要求过分苛刻，孩子是办不到的。

3. 要给孩子申辩的机会

跟孩子说理时，孩子可能会对自己的言行进行辩解，妈妈应给予孩子申辩的机会。申辩并非强词夺理，而是让孩子把事情讲清楚、讲明白。给孩子申辩的机会，孩子才会更加理解你所讲的道理，使教育收到良好的效果。

4. 要了解孩子的情绪状况

孩子和父母一样，情绪好时比较容易接受不同的意见，不高兴时则容易偏激，因而，妈妈在跟孩子讲理时，要充分了解孩子的情绪状况，在其情绪较好时，对其进行教育。若在孩子情绪低落时跟他说理，是不会奏效的。

人无完人，学会向孩子认错

世界上最难说出口的话，不是“我爱你”，而是“对不起”。作为父母，在孩子面前说错了话或做错了事的时候，是否有勇气向孩子认错，是考验家长是否敢于承担的一道难题。

几乎所有的妈妈都会教育自己的孩子，要勇于承认自己的错误，告诉他们犯了错就得敢于承认，不要为自己找任何借口，谁都会犯错误，关键是要勇于承认并改正错误。但是有的妈妈即使自己错了，也不愿意在孩子面前承认，特别是在误解或错误地批评了孩子时，她们往往过于顾及自己的面子，羞于说出“对不起”。

父母在孩子心目中占主导地位，孩子总会将父母当成榜样，而且时时处处仿照父母的样子去做。要想让孩子从小学会坦然、勇敢、诚实，妈妈不妨从自身做起、从与孩子切身相关的事情做起。当自己对孩子做错了事时，不要死赖着不认账，也不要“犹抱琵琶半遮面”，而是要勇于向孩子承认错误，让其认识到人的一生难免会犯错误，重要的是勇于认错。孩子学会认错就等于学会承担责任，学会诚实做人。

一天，妈妈发现钱包里少了50元钱，就问儿子：“你是不是从我的钱包里拿钱了？”儿子说：“我没拿！”妈妈不相信，先是好言好语对儿子说：“需要钱可以向妈妈要，但不要自己拿！”

可儿子一直不承认自己拿了钱，妈妈越说越生气，警告儿子：“不经允许拿妈妈的钱就是偷盗的行为！”儿子很不服气，母子俩争吵了起来。

这时，孩子的爸爸回来了，连忙解释说：“钱是我拿的，刚才出去买菜时手里没零钱，就从你钱包里拿了钱，没来得及告诉你呢！”

妈妈这时才停止了对儿子的逼问，虽然明知道是自己的错，可又放不下架子向孩子道歉，于是嘱咐道：“儿子，你要记住，花钱可以跟妈妈要，千万不能偷偷自己拿啊！”儿子觉得受到了无法容忍的侮辱，一气之下便离家出走了。

当你误解或冤枉孩子的时候，孩子通常会觉得很委屈。如果妈妈因为放不下面子坚持不承认错误，而且强词夺理，让孩子蒙受冤屈，孩子就可能陷入迷茫之中，产生错误的观念和想法。所以，妈妈一定要学会诚恳地向孩子道歉，这样不仅有利于改善亲子关系，更有利于孩子的健康成长与自己权威的树立。

正在炒菜的妈妈突然听到“咣当”一声，急忙跑出来，看到地上的玻璃碎片，又看看窗户上的大洞，立刻冲儿子喊：“你在干什么，整天折腾，你什么时候能不闯祸啊？”

孩子哭了：“玻璃又不是我打碎的。”

妈妈的火更大了：“还敢撒谎！”

这时，敲门声传了进来，几个孩子进门道歉。妈妈这才知道，是球从窗外飞进来打碎了玻璃窗，妈妈知道自己错怪了儿子。可让她去道歉，她又觉得很不好意思，愣在原地说不出话。

突然，儿子开口：“妈妈，您为什么总批评我？我也有诚实的时候，您怎么从来都不表扬我？”孩子的话让妈妈感到震惊，心想：是啊，我似乎从来没表扬过儿子。妈妈内疚地安慰了儿子，同时郑重地向他道了歉。

对于妈妈的道歉，儿子感到很吃惊。但是，从那之后，他比以前更懂事了，很少说谎。

故事中的妈妈用自己真心实意的道歉打动了儿子，帮助儿子改掉了说谎的毛病，可见道歉的作用。“金无足赤，人无完人”，即使为人父母，也难免会犯错，能放下架子向孩子道歉，很多事都会变得更容易沟通，亲子关系也会变得更融洽。

现实中，凡是要求孩子做到的，妈妈自己也应该带头去做，认真做好。如果妈妈违背了自己曾经许下的诺言，就要敢于向孩子承认错误、做检讨，这样孩子才会感觉到妈妈的真诚，就会自愿自觉地按照妈妈的要求去做，并在犯错后勇于承认。

那么，妈妈怎么才能做到向孩子认错呢？在向孩子认错时，又应注意哪些问题呢？

1. 要改变观念，放下思想负担，正视自己所犯的错

每个人都有犯错误的权利，同时每个人也有改正错误的义务，不可能因为为人父母就不会犯错误，也不可能因为孩子的爱戴而使错误消失。既然任何人犯错误都是难免的，那么犯了错误也就不必过分羞愧，而应将精力放在改正错误上。因此，向孩子认错并不丢“面子”。

2. 道歉的态度很重要，不能过于生硬或轻描淡写

道歉的态度过于生硬或轻描淡写，只会加深亲子之间的误解，因为孩子是十分敏感的，很容易就能意识到妈妈是否在敷衍自己。因此，妈妈要用真诚的态度来道歉，不要碍于面子或者身份而不愿意对孩子道歉，或者只是轻描淡写地说一下。

3. 想让孩子从心理上接受妈妈犯错的事实，必须与孩子多交流

通过交流，让孩子知道妈妈也是会犯错的，但是自己绝不是故意要伤害孩子感情的，而看到孩子的感情受伤，自己实则也很内疚。这样，孩子只要感受到妈妈的悔过之情，自然就会理智地对待犯错误的妈妈了。妈妈勇于向孩子认错，是一种无言的人格力量，对孩子的一生都会有着深刻的影响。

学会尊重，别给孩子贴标签

每个孩子都有自己的特点，有的孩子喜静，有的孩子喜动；有的孩子喜欢学习，有的孩子贪玩；有的孩子内向，有的孩子外向……这些都是孩子自身的特点。但是，很多妈妈却因此给那些好动、贪玩的孩子贴上“坏孩子”的标签，这种做法明显是错误的。教育的重要原则就是重视差异化，差异让整个世界文明得以发展。所谓重视差异化，就是别将孩子的特点当成缺点。

很多妈妈都说现在的孩子难管，因为孩子竟公然挑战自己的权威。其实是家长太不会欣赏、尊重那些敢于对自己说“不”的孩子，将孩子的特点当成缺点。其实，妈妈们不妨反思一下：我了解孩子吗？我尊重孩子了吗？我知道孩子在想什么吗？不了解孩子，就无法正确地看待孩子身上的特点，教育就容易出现问题。

田敏今年上小学一年级，最近经常一副郁郁寡欢的样子，不愿意上学，也不和妈妈讲学校里的事情。经妈妈一再追问才得知，田敏在课堂上拿了同桌的钢笔，被老师和同学称为“小偷”。

其实，上小学一年级的孩子还糊里糊涂地分不清自己和别人的东西，因为意识不清，出现“拿东西”的情况很正常。田敏拿同桌的钢笔可能只是出于好奇，想拿着玩会儿，并没有想着占为己有。所以，成年人在面对孩子偶然“偷”走别人东西的做法时不能小题大做，否则，过早给孩子贴上“小偷”的标签会让孩子失去自尊心，变得自卑，甚至可能患上“社交恐惧症”“上学恐惧症”，最终影响孩子的健康成长。

保护孩子的自尊心是非常重要的。妈妈或老师可以选择私下找孩子谈话，跟孩子讲道理，引导孩子将东西还给失主，同时与其进行适当的沟通，但不能因此否定孩子的品德；妈妈应当给孩子做必要的心理辅导，了解孩子拿别人东西的动机，可以通过减少孩子的开支、让孩子自己用零花钱赔偿等方法，培养孩子承担责任的能力，并且意识到这种行为是错误的，下次要避免等。

唐梅梅今年4岁了，最近让妈妈感到苦恼的是，她总喜欢咬手指甲。妈妈因为这件事采取过很多措施，如戴手套、抹药水、转移注意力、训斥等，可到最后，都以失败告终，导致梅梅对妈妈的态度也非常不友好。

看到孩子啃手指甲，很多妈妈都会觉得忍无可忍。其实，孩子出生的第一年称为“口腔期”，而吸吮是孩子的本能，是孩子用嘴对手进行的探索行为，说明孩子支配行动的能力达到了手、口动作相互协调的智力水平。而且，这个行为对稳定孩子的情绪影响很大，可如果3岁以上的孩子仍然每天啃手指甲，就必须在身体发育或心理发展方面找原因。

当孩子的身体中缺乏微量元素如锌、铁时，就很容易导致异食癖，表现出来的特点就是啃手指；压力过大或缺乏安全感的时候，能通过啃手指降低焦虑，放松心情；孩子觉得无聊或好奇时，也容易出现啃手指的行为。如果妈妈强硬制止孩子啃手指，那么孩子就会容易产生心理阴影，长大后易出现焦虑、发脾气等，缺乏信任与安全感。妈妈不妨通过检查微量元素、多陪伴孩子、留意孩子心理需要等，来了解孩子啃手指的原因。帮孩子纠正，让他和“啃手指”说拜拜。

还有的妈妈在孩子做错事后会给孩子贴上“笨”的标签，比如，考试成绩不理想、钢琴比赛落后、竞赛没能进决赛等。要知道，正是因为你给孩子贴了这样的标签，才让孩子表现得越来越“笨”。

丽燕是个非常爱玩的孩子。只要假期一到，丽燕就会和其他小朋友“疯玩”。记得有一次期末考试，丽燕的数学只考了56分，妈妈本来非常生气，也明白是丽燕平时贪玩导致的成绩下降。丽燕低着头不说话，心想：最多就是被妈妈骂一顿，没什么大不了的，又不是没挨过骂。

妈妈长舒一口气，没有责骂她，而是把丽燕的试卷摆在桌面，母女俩研究起试题来，不到一上午的时间就将试卷改好了。妈妈对丽燕说：“好了，这一次你得了满分。”说完，就到厨房为丽燕准备饭菜去了。

丽燕非常不好意思，她明白，如果自己可以稍微刻苦一些，腾出一点儿课余时间做习题，结果一定不是这样的。就这样，整个暑假，操场上、电视机旁少了丽燕的身影，每天她都会给自己规定一定的时间做习题，想出去玩的时候就拿出那张不及格的数学试卷提醒自己。

的确，对孩子来说，很多时候“大道理”似乎和“耳边风”一样，没有什么实际意义，只是妈妈找个借口训斥自己罢了。孩子听不进去时，妈妈就会更气愤，而妈妈喋喋不休地训斥，势必会加深孩子的逆反心理。与其如此，不如妈妈自己心平气和地去面对孩子所犯的错误，让孩子也有个反省的机会，在无声之中接受家长的训斥。

当孩子考试成绩不理想时，妈妈不要训斥孩子“没用”“怎么这么笨啊”，因为这样的语言不仅会伤害到孩子的自尊心、自信心，还会让孩子以为“父母只爱分数不爱自己”，反而更加不努力学习。妈妈可以心平气和地面对孩子的分数，和孩子一起思考做错题的原因，同时鼓励孩子继续努力。

妈妈要用心去发现孩子的特点，培养孩子的特点。要接受孩子的独特之处，给孩子更多的尊重和信任，那么，如何才能发现孩子的特点并且尊重孩子的特点呢？下面给妈妈们几点建议。

1. 用心去发现孩子的优点及兴趣所在

妈妈要相信，并不是只有成绩好的孩子才会有出息。“三百六十行，行行出状元”，有的孩子天生不喜欢读书，这时如果一味强求，就很难有大的改观。因此，在平时，妈妈应该多多观察孩子，看看他对什么最感兴趣，在哪些方面有天赋，及时地发现孩子的优点及兴趣所在。

2. 承认孩子的差异性

有的妈妈喜欢把自己的孩子跟别的孩子进行比较，而且总拿自家孩子的短处跟别人家孩子的长处相比。这样做实际上是忽视了孩子之间的差异。妈妈应当接受并承认孩子之间的差异，帮助孩子学会取长补短。当孩子做出一点努力时，妈妈要给予及时的、具体的鼓励。如果妈妈不能承认、接受孩子的特点，孩子就无法得到鼓励、赞赏和帮助，相反，还很有可能被妈妈压制、批评、挖苦。其实，一点点鼓励与赞赏，就可能成为孩子的星星之火，慢慢地，孩子身上的优点就会多起来，这是教育孩子的一个重要方法。

3. 把孩子的特点变成特长

妈妈发现孩子的不同之处后，先不要急着打击、压制孩子，可以针对这些特点，引导孩子不断地发挥与运用，鼓励孩子将自身的特点变成特长。

4. 与孩子多交流

妈妈只有经常和孩子进行心灵的沟通，才能了解自己的孩子，知道孩子在想些什么，最喜欢做的事情是什么。妈妈只有了解了孩子内心的想法，了解了孩子的喜好，才能更好地理解孩子、尊重孩子。

第三章
多鼓励、少否定，孩子也有自尊心

清代教育家颜元说过：“数子十过，不如奖子一长。”孩子需要鼓励，如同植物需要阳光、雨露一般。得到鼓励的孩子才能健康茁壮地成长。生活中，妈妈一个赞赏的微笑，对于渴望得到鼓励和赞扬的孩子而言，很可能成为改变孩子一生的转折点。

为了孩子的健康，吃饭时变训斥为鼓励

小学生韩彤彤的家就在学校附近，以前，每到中午，她总是准时回家吃饭、休息，下午上课前再回学校。近来，班主任发现韩彤彤总是在中午时分趴在教室睡觉。经询问，班主任才知道了真相。韩彤彤的妈妈近来改上晚班，中午也在家吃饭。一家人在一起吃饭，这本该是件好事，可韩彤彤不这么想。

“吃午饭时，妈妈会仔细询问我的学习、考试情况，稍有一点不满足，妈妈就会老账、新账一起算，把我教训一顿。”韩彤彤说。在她看来，回家吃午饭成了比考试还可怕的一件事。

“我跟妈妈撒谎说，最近中午要补习，所以中午就在学校吃饭。我说不要她送饭时，她就每天给我午饭钱。”韩彤彤说。每天中午放学后，她都会背着书包到校外走一圈，有想吃的零食就买一些，不想吃就干脆饿着。

案例中的韩彤彤为了不在餐桌上挨训，宁愿不回家吃饭，甚至

饿肚子。这实在是妈妈的失职。妈妈在餐桌上跟孩子进行交流、说些有趣的事本是件好事，但如果妈妈把餐桌变成声讨孩子的“审问台”，那么食物再美味，孩子也会食不甘味。

很多妈妈误认为，一边吃饭一边“教育”孩子是一举两得的事。于是一到吃饭的时候，妈妈就开始问孩子的功课，查孩子的成绩，讲孩子的过错，接着就开始教训孩子，常常弄得孩子愁眉苦脸、哭哭啼啼，使饭桌上空笼罩着一种不愉快和紧张的气氛。殊不知，这种“餐桌教育”害处实在不少：既影响孩子食欲，又会使孩子情绪低落，更严重的还会使孩子产生心理问题。

可见，教育孩子务必注意场合、选择时机，切莫在餐桌上对孩子进行指责。即使实在需要指责孩子一翻，也必须注意分寸，切不可一味地质问、追询，提要求、下命令，更不可不容孩子分辩，话不投机就吹胡子瞪眼睛，以致摔碗筷拍桌子。

妈妈在和孩子就餐时要做到三个“不要”：第一，不要恐吓。比如，孩子不愿吃饭时，有些妈妈心情急躁，大声呵斥，这会让孩子感到十分紧张，食欲降低。即使孩子勉强吃完，也会因心情不好而影响消化。孩子不愿吃饭的原因有多种，或是零食吃多了，或玩得过于兴奋了。如这种情况只是偶尔发生，妈妈最好予以宽容，并对他说明错处。如是常发生，则需从根本上调整孩子的进食规律，不能简单斥责了事。第二，不要忆苦。有的妈妈喜欢在餐桌上“忆苦”——不停地陈述自己当年生活时代的环境是多么艰苦，以此教育孩子要珍惜当前的美好生活。如此“忆苦”的教育方式，尤以一些年迈长辈所常用。但是年少不知愁滋味，妈妈重复多了，孩子会不以为然，反会增强内心的叛逆和抵触。第三，不要揭短。尤其是在吃饭时更不能指责孩子。

教育家曾表示，好孩子是夸出来的。每个孩子都希望听到妈妈的赞扬，而不是整天的批评训斥。其实，在每天吃饭的时候，一家人应该在轻松、愉快的气氛中，各人谈各人的趣事。妈妈是孩子最好的老师，餐桌可以当课堂，但讲述的内容要尽量多一些亲情教育与平等交流，妈妈宜讲点有益的文化知识和鼓励孩子向上的好人、好事等。孩子在没有压力的情况下，往往会把学校里的事情、自己的学习情况讲给妈妈听。妈妈可以根据孩子所讲的内容，对好的加以表扬，对不足的加以引导。

英国家庭就有“把餐桌当成课堂”的传统：从孩子坐在餐桌边吃饭的那天开始，妈妈就会对其进行有形或无形的“进餐教育”。这一点非常重要，目的是帮助孩子养成良好的用餐习惯，让孩子拥有值得称道的素质或性格。

妈妈可以从以下几方面对孩子进行“进餐教育”。

1. 介绍相关的饮食常识

在餐桌上聊饮食，不但能促进食欲，还能扩大孩子的知识面，让孩子更容易接受相关知识。能谈的内容非常广泛，如膳食要均衡，营养要全面，保持合理配比；避免吃过热、过硬、难消化、刺激性强的食物等；避免反复吃单一性食物；避免吃腐败变质的食物等。只有这样才能让孩子吃得健康、吃得开心、吃得有乐趣。

2. 鼓励孩子自己进餐

孩子到了一定的年龄之后，开始喜欢独立用餐具吃饭，这说明孩子已经开始向往“人格独立”，妈妈要给予孩子充分的鼓励和支持。

3. 鼓励孩子全面摄取营养

从小教育孩子不挑食、不偏食，以免影响他们对营养的全面摄入与吸收。而一味迁就孩子任性的饮食喜好，则会养成自私、缺乏自控力等缺点。

4. 教育孩子养成节约的习惯

让孩子明白饭菜的来之不易，要节约粮食，如酌量加饭、食物不能咬一口就扔掉等。

5. 教育孩子学习用餐礼仪

饭前饭后让孩子帮忙做些力所能及的家务，餐前餐后帮家长收拾餐具等。如此一来，既能减轻父母的负担，又能增强孩子的劳动意识。同时，教育孩子尊敬长辈与客人，等大家都坐下之后再动筷子；好吃的东西应当先考虑别人，不能全夹到自己碗里；自己吃完后，离开餐桌之前要招呼其他客人慢慢用餐。

孩子做不好，妈妈别嫌弃

妈妈要懂得赏识教育的重要性，更要懂得赏识孩子。所谓赏识教育，就是在教育的过程中尽量多给孩子些肯定、欣赏，让孩子能体会到赞赏和成功带来的喜悦，而并非一味地突出孩子的不足与缺点。赏识教育的目的是善于发现孩子身上的优点，多鼓励孩子，让他们得到情绪方面的满足，保持内心的愉悦。

每个生活在这个社会上的人都希望自己能得到他人的赏识与认同，孩子更是如此。美国心理学家詹姆斯说过：“人性中最深切的心理动机，是被人赏识的渴望。”妈妈对孩子每时每刻的了解、欣赏、赞美、鼓励等，能帮助孩子提升自信。

拿破仑·希尔博士儿时是公认的坏孩子，家人和邻居甚至认为他是个该下地狱的人。不管什么时候出了什么坏事，大家都觉得这些是拿破仑·希尔干的。在这样的情况下，拿破仑·希尔决定堕落下去，一心想表现得比别人形容得更坏。他的母亲去世后，继母走进了他的家庭。当时父亲是这样介绍拿破仑·希尔的：“这就是拿破仑·希尔，是希尔兄弟中最坏的一个”。而他的继母却亲切地说：“他并不是个坏孩子，他刚好是这些孩子中最伶俐的一个，我们要做的，无非是将他所有的伶俐品质发挥出来。”

继母发现了拿破仑·希尔人性中的优点，之后经常鼓励他继续保持。就这样，拿破仑·希尔不仅开始改正自身缺点，而且发奋学习。继母用她深厚的爱与不可动摇的信心，塑造出了全新的拿破仑·希尔——美国成功学的创始人。

“没有种不好的庄稼，只有不会种庄稼的农民。”赏识能促进成功，抱怨只会导致失败。可见鼓励、认可对孩子的成长有多重要。对孩子高呼“加油”“冲啊”，哪怕孩子跌倒无数次，都必须坚信他们可以一次又一次地站起来。总之，教育好孩子，必须从赏识孩子开始。

赏识教育的核心就是信任。赏识并不等同于表扬，赏识的标志是“行”，而并非“奖”或“罚”，赏识指的是“看得起”。比如，允许孩子失败，但是对孩子的信任是不变的；允许教育者对孩子进行批评和引导，但赏识的心态是不变的。应当在心底深深地信任孩子，以父母对孩子特有的爱与宽容捕捉这一点，在这一点上和孩子连接，即可激发孩子“想变好”的愿望，一旦孩子“想变好”的愿望被激发，即可启动孩子的自觉与良知潜能，使其走进“真、善、美”的境界。

教育专家将学校里水平相近的学生组成一个班，把他们分成四个组：第一组学生，总是受到老师的表扬，几乎不受批评；第二组学生，受老师的表扬比批评多；第三组学生，受老师的表扬比批评少；第四组学生，总是受老师的批评，却得不到表扬。

一个学期之后，这个班学生的成绩出现了明显的不同，第一组学生成绩拔尖，第二组次之，第三组再次之，第四组学生的成绩下滑得非常迅速，甚至有的学生学习的自信心与积极性都受到非常大的影响。

可见，长辈对孩子的赞赏多么重要。古语有云："数子十过，不如奖子一长。数过不改，也徒伤情；奖长易劝，也且全思。"意思就是说，教育孩子，与其常常批评，不如尝试着去表扬。对孩子的批评多了，孩子不仅不会去改正，还会挫伤感情；如果通过表扬、奖励的方法对待孩子，孩子则更容易接受，而且可以让孩子很好地思考。比如，孩子学说话、学走路，其实都是在父母的鼓励下进行的，因为孩子学说话肯定有说错的时候，学走路肯定有摔跤的时候。可没有父母因为孩子说错话、摔了跤而不让他们学说话、学走路的。事实上，如果父母可以在孩子遭遇挫折的时候给孩子鼓励的微笑，跟孩子说句勉励的话，给孩子一个信任的眼神，孩子就会在充满爱和温暖的氛围里，在长辈的教导中，通过心灵的感悟和自我反思来了解自身的不足，正确对待挫折，提升克服困难的信心。

父母的赏识如同春雨般滋润着孩子纯洁的心灵，有助于提升孩子对学习的自信，激发孩子渴求知识的兴趣，有助于孩子保持积极向上的活力。

父母对孩子的赏识必须有激励性，这样孩子才能从父母的赏识中体会到成功的乐趣，也能通过父母的赏识明确努力的方向，用更饱满的热情投入学习中，争取更大的进步和发展。

赏识并不困难，它非常简单——一句温馨的话语、一个爱抚的动作、一次表现的机会，这些赏识行为，都可以生动表达父母对孩子的赏识。

当众进行批评教育，容易挫伤孩子的自尊心

很多妈妈觉得，在公众面前，孩子更会树立自己“听话、懂事、乖巧”的形象，所以人多的时候教育孩子是良好的契机。其实未必，自尊心的强烈维护与彻底放弃之间其实仅一步之遥，如果家长把握不好教育的尺度和方法，反而会促使孩子产生“破罐子破摔”或是和家长对立的心理，不利于孩子的身心健康。

公共汽车进站后，一位年轻的妈妈带着五六岁大的女儿走上汽车。随着汽车的开动，女孩站立在车上显得非常吃力。此时，旁边座位上有个八九岁大的男孩站了起来，主动招呼站着的女孩与自己同坐。

“这孩子真懂事，他妈妈平时肯定非常注意对他的教育。”男孩的做法让周围人都十分赞许。

但是没想到，几分钟之后，男孩的妈妈走了过来，得知男孩主动让座后，立即大声训斥起来：“看看你那德行，真是的，既然不

愿意坐，就站着吧……”男孩的妈妈把他从座位上喊起来。面对妈妈的训斥，男孩解释说因为女孩年龄更小，所以才和她同座的。

这位妈妈也许是为了爱护孩子，所以才指责男孩，但妈妈对孩子的爱护也要注意方式与方法，在大庭广众之下训斥孩子会打击他做善事的积极性。

英国哲学家洛克说过：“父母不宣扬子女的过错，则子女对自己的名誉就愈看重。他们觉得自己是有名誉的人，因而更会小心地维护别人对自己的好评。若是当众宣布他们的过失，使其无地自容，他们愈是觉得自己的名誉已经受到了打击，设法维护别人好评的心理也就愈淡薄。”

由此我们不难看出，当着别人的面批评教育孩子的方法是不可取的。如果孩子一出现过失，或者言行不符合自己的预期，妈妈就公开批评，让孩子当众出丑，结果只会加深孩子被训斥的印象，感觉自己在众人面前丢了面子，进而产生自卑和逆反心理。

我们常常在玩具专柜、甜品店、游乐场里看到号啕大哭的孩子，还有一旁怒目而视的父母，他们边呵斥，边指着周围对孩子凶道：“你看看，这么多人看着你哭，你好意思吗？”“你看那边有一个和你一样大的小孩，人家都不哭不闹，多听妈妈的话，你看看你们差距有多大。”妈妈往往觉得当着外人的面是教育孩子的好时机，借助小孩子的自尊心让他自我纠正错误的言行举止，这样做的出发点倒是很理想，但是收效甚微。

妈妈应当意识到，不管对孩子进行表扬还是批评都是一种情感互动。妈妈的教育方法过于强势，会导致孩子没出息；妈妈的心情过于粗暴，会导致孩子性情狂躁。妈妈可以当众表扬孩子，甚至可以隆重地对孩子进行表扬。但是批评的时候必须谨慎，想批评孩子，最好用私下的、悄悄的、温和的方式进行。教育孩子最重要的就是要尊重孩子的人格、尊严，保护孩子的心灵。倘若做不到这一点，教育也就显得苍白无力。

西方人极少当众斥责、打骂孩子，但是他们也很难忍受孩子当众哭闹导致的尴尬，为避免这种难堪，他们平时会有意培养孩子在公共场所的自我控制能力。他们会事先预防事情的发生，外出前先告诉孩子外出的目的，让孩子知道接下来会发生的事。出门前会先跟孩子说好规则，确定孩子明白之后，在问他们是否可以遵守。虽然到外面这些规则也不一定会奏效，但家长会耐心提醒、纠正，直到孩子遵守。

即使孩子真的犯了错或做了糟糕的事，家长也不会当众给孩子难堪。如果非要教育孩子，就立刻把孩子带回家。当众打骂孩子，不但不能产生良好的教育效果，甚至会适得其反。

梁倩今年10岁了。爸爸在外地打工，她和妈妈生活在农村。一天，妈妈让梁倩到自家菜园摘菜，可过了半天仍然没有看到梁倩回来。妈妈沿路寻找，发现梁倩正和同学在菜园里玩耍。妈妈非常生气，立刻训斥梁倩，“你这孩子怎么这么不听话，赶紧回家做作业去，信不信我打你。”

被妈妈当众训斥，梁倩觉得自己在同学面前非常没面子，转身回家后，偷了妈妈的钱打算去广州找爸爸。

妈妈发现女儿不见后，赶紧请求亲友外出四处寻找。一天后，心急如焚的妈妈拨打了110报警电话。过了半天时间，民警在火车站的长椅上找到了正在吃泡面的梁倩。

有智慧的妈妈不会当众严厉斥责孩子，有智慧的妈妈会时刻意识到教育孩子是不可能取得立竿见影的效果的，有智慧的妈妈可以和孩子成为知心朋友。这样的教育既保留了孩子的尊严，又达到了教育孩子的效果。

当众鼓励，提高孩子的自我感知力

赞扬、肯定、亲切的教育方式可以提高孩子的自我感知力；反之，批评、指责、冷漠的教育方式会降低孩子的自我感知力。在外人面前，孩子的自尊心会表现得更强烈，因此，当着别人的面批评、训斥孩子，会伤害孩子的自尊心。所以最好的方法是经常赞扬、鼓励孩子，特别是在别人面前。

经常对孩子赞扬、鼓励，特别是当着别人的面赞扬孩子，可以让孩子产生成功感和荣誉感，进而增强他们对生活的信心。所以，妈妈要把对孩子的赏识扩展到别人面前，善于当着别人的面赏识、尊重自己的孩子，让孩子感受到妈妈对自己的重视与欣赏，进而激励孩子产生无穷的力量与信心。

一天，凌淑华带着女儿出去散步，在路上偶然遇到了好友凌云和他的女儿。故友重逢，难免一番客套。一阵寒暄后，她们都将话题转移到了彼此的孩子身上。

凌淑华问凌云的女儿："小朋友，你几岁了？"凌云的女儿性格比较外向，一点儿也不怕生，她很高兴地回答说："阿姨，我今年六岁。"凌淑华又问："上学了没有？"她回答说："上了，在实验小学一年级一班。"凌淑华继续问："老师今天教的什么呀？"凌云的女儿回答说："教的拼音。""能读给阿姨听一下吗？""当然可以！"说着小女孩张大嘴巴，发了一个"a"的音。尽管发音不是很标准，但凌淑华还是夸赞说："嗯，读得真好！小朋友真棒！"

随后，凌云也亲切地问凌淑华女儿问题。凌淑华女儿正好也上一年级，与凌云女儿学的是同样的内容。凌云让凌淑华的女儿读"o"时，小女孩很认真地发了一个"o"的音。尽管女儿读的音很到位，但出于客套，凌淑华还是很谦虚地说读得不太好。

接下来，凌云又问了凌淑华女儿其他几个问题，谁知她一反常态，将脸扭到一边，冷冰冰地回答说："不知道！"凌云自觉没趣，凌淑华也觉得很没面子，就圆场说："还是你女儿乖巧能干，什么都会，要是我女儿能赶上你女儿一半就好了。"说着凌淑华无可奈何地叹了口气。凌云安慰说："孩子还小，不用着急，一切慢慢来。"

聊了一会儿，天色渐晚，她们各自领着孩子往回走。临别时，凌云的女儿很有礼貌地对凌淑华和她的女儿说："阿姨再见，姐姐再见。"凌淑华轻轻地拍了女儿一下，示意她跟别人说再见。可女儿毫不理会，一个人气冲冲地朝前面走去。凌淑华很无奈，只得尴尬地跟凌云笑笑，并代替女儿跟她们说再见。

凌淑华追上女儿，严厉地教训她说："你看这个妹妹多有礼貌，哪像你，连招呼都不跟人家打一下就跑了，真是太不像话了。人家虽然比你小，但是什么都比你做得好，你得好好向人家学习学习。"女儿不服气地说："那些问题我都会，但是我不想回答。您为什么说话总是偏向别人，一点儿都不像我妈妈。"说完，女儿委屈地哭起来。

凌淑华这才发现，原来是因为自己的客套，在凌云面前贬低了自己的女儿，让女儿的自尊心受到了深深的伤害。从那以后，凌淑华再也不拿女儿跟别的孩子做比较了，也不在别的家长和孩子面前训斥自己的孩子了。因为她知道，不管是别人家的孩子还是自己家的孩子，他们的自尊心都非常脆弱，都需要别人的呵护与赞美。

从上面的案例不难看出，孩子和成人一样都有很强的自尊心，甚至更爱面子。他们对批评和赞扬都非常敏感。孩子一出现过失，妈妈就公开批评，让孩子当众出丑，很容易加深孩子被训斥的印象，认为自己丢了面子，从而产生自卑、逆反的心理。相反，如果孩子被妈妈当众夸奖，孩子就会觉得非常快乐。所以，跟别人说起自己的孩子时，无论孩子是否在场，妈妈都要怀着赏识与尊重的心态去谈论他们。

不过，妈妈当众夸奖孩子还是要讲究一些技巧的。

1. 态度必须认真和真诚

不能因为炫耀自己或敷衍他人而故意夸大孩子的优点。

2. 必须有根有据

应当根据孩子日常的表现来赏识孩子，不能因为赏识而赏识，凭空捏造事实，让孩子感到妈妈在作假。

3. 大大方方地夸

夸奖孩子的时候要大大方方，有的妈妈只说一半就停了下来，表现出谦逊、不好意思的模样，这样反而会让人觉得妈妈是在故意卖关子，在夸耀自己很了不起。

4. 批评要适可而止

妈妈不能一训起孩子来就没完没了，让孩子感到不自在。同时，妈妈也要知道，赏识的话也并非越多越好，有时候说多了反而没有好处。

孩子自卑时，家长的赞美是良药

自卑，其实就是一种自我评价太低、自己瞧不起自己的不良情绪状态，是自我意识中的消极表现。有的孩子常常怀疑自己的能力，看不到自身的优点，常常觉得自己比不上别人，处处低人一等。

心理学家认为，自卑感源于幼年时期，因为无能而产生的不胜任和痛苦的感觉，包括一个人因为生理缺陷或某些心理缺陷如智力、记忆力、性格等产生的轻视自己，觉得自己在某方面比不上他人的心理。

自卑会让人背上沉重的思想包袱，缺乏前进的动力，最终影响人生的发展。要想消除孩子的自卑心理，不仅要靠社会和学校的教育，更需要家长，尤其是妈妈的努力。

1951年，英国有个叫弗兰克林的人，他在自己拍得非常好的DNA（脱氧核糖核酸）的X射线衍射照片上发现了DNA的螺旋结构，本想根据这个发现做一次演讲。但是，生性自卑的他又怀疑自己的假说是错误的，最终放弃了这个假说。1953年，科学家沃森和克里克也从照片上发现了DNA的分子结构，提出DNA双螺旋结构的假说。两人因此获得了1962年的诺贝尔医学奖。

试想，如果弗兰克林不因为自卑而放弃，而是坚持自己的假说，并进行深入研究，那么获得诺贝尔奖的可能就是他了。由此可见，一个人如果被自卑的情绪困扰，是很难有所作为的。

三年级的教室里来了一名转校生，名字叫张彦。他第一次来到学校的时候，老师对他的印象非常深刻。当时，张彦的妈妈开着一辆豪华小轿车出现在学校里，他的妈妈穿得时尚华贵，而张彦满脸漠然的样子。

张彦的妈妈看到老师后的第一句话就是："老师，我的孩子明明很聪明，但是不知道怎么回事，成绩一直上不去。我这次想给他换个好学校，希望老师能好好教导他！"老师当时虽然满口答应，但是对于眼前冷漠地看着其他学生的张彦，老师的心里也有点儿打鼓，这个孩子虽然只有几岁，但眼神疏离得让人心疼。

通过一个多月的观察，老师发现这个叫张彦的学生表现得不仅是漠然，还有严重的消极，就好像周围的一切都不能引起他的兴趣，如果任其发展下去，对他的将来肯定没什么好处。于是，老师决定和他聊一聊，希望可以找出这个孩子的症结。

最开始，老师还以为谈话会很难进行下去，因为一般与人群疏离的孩子都不愿意向人敞开心扉。但是，老师和张彦的谈话非常顺利，仅仅是因为老师表扬了他五次。

“老师，说出来您可能不相信，妈妈平时表扬我的次数加起来还不如您表扬我的次数多。妈妈总觉得给我好的物质条件就可以了，我要什么就给我什么，但是我真正想要的她却从不在意。学习还有什么意思，不就是给他们争面子吗？”张彦沮丧地说。

“你的妈妈的确做得不对，不过你的妈妈也表扬过你。她不是说你很聪明吗，这其实就是表扬，因为你的确是个聪明的孩子。数学老师告诉我，有好几次你都解答出了那些难解的数学题，为什么不把自己的聪明展现出来呢？”老师笑着说。

“展现出来又如何，我妈妈会在意吗？”他低声说。老师突然意识到这个孩子的内心极度渴望得到妈妈的认同与鼓励，虽然妈妈给予了他很多物质方面的爱，但对孩子渴望的心灵上的爱却不在意，导致孩子的学习缺乏积极性，精神上并未得到满足。

几天后，老师和张彦的妈妈进行了长时间的谈话，而且建议她每天花两分钟的时间赞扬一下自己的孩子，前提是要真诚地夸赞孩子。

没过几个月，张彦的学习成绩有所提升，也逐渐和班里的同学熟悉了，做事更加积极乐观，后来还被班上的同学选为副班长。

这个案例再次证明，夸奖可以让孩子变成拥有无限可能的好孩子，所以，对孩子不要吝惜真诚的表扬。尊重、理解孩子内心真正想要的，这样才能帮助孩子走出自卑，走向自信。

那么，妈妈究竟该如何引导孩子战胜自卑心理呢？

1. 尊重、理解孩子的决定

妈妈应当尊重孩子的每一个决定，为孩子创造一种宽松、和谐的环境，使他们在一种没有等级的氛围里消除自卑心理。

2. 增加成功的体验

成功体验是消除自卑、建立自信的关键，妈妈应当给孩子创造条件，增加他们的知识和技能，鼓励孩子参与适合自己的活动，让孩子发挥自己的才能，帮助孩子建立自信心。

3. 将目标分解成小目标

有位哲人说过：“追求越高，才能的发挥就越充分。”对于后进孩子来说，与其空谈立志，还不如定几个切实可行的小目标。让孩子适当降低追求，把大目标分解成若干小目标，做到一学期、一个月甚至一个星期都有目标可寻。只要目标变得小而具体，就易于实现，这样，孩子每时每刻都会有成功感，就会更快地进步。

4. 发挥长处

“尺有所短，寸有所长。”每一个人都有自己的长处和优势，同时也有自己的短处和劣势。如果用其所短，而舍其所长，就连天才也会丧失信心、自暴自弃。相反，一个人若能扬长避短，强化自己的长处，就算再自卑也能充满信心，享受成功的快乐。因此，要想消除孩子的自卑心理，就要善于发现他们的长处和优势，并为他们提供发挥长处的机会和条件，这也是帮助孩子克服自卑心理的关键。

5. 自我暗示

心理学家莫顿曾提出“预言自动实现”的原则，认为人们具有一种自动实现预言的倾向。在孩子的内心深处，长期而稳定地存放着一幅自我肖像，孩子会与它越来越接近。所以，如果孩子把自己想象成胜利者，那么那种胜利的驱动力量就会越来越强大。当感到信心不足时，孩子应该进行积极的自我暗示，把“别紧张，我也行”“我一定能成功”之类的话写下来，或者大声说出来。

总之，自卑并非短时间形成的，克服它同样是一个漫长的过程。妈妈要有信心、耐心、恒心，坚信在自己坚持不懈的努力下，孩子一定能逐渐克服自卑，建立自信，进而更加健康地成长。

善于发掘孩子身上的闪光点

日常生活中，很多妈妈总是习惯寻找、放大孩子的缺点，习惯拿孩子身上的缺点和其他孩子身上的优点相比，经常夸别人家的孩子怎么怎么好、如何如何优秀。而对自己的孩子常常唉声叹气，认为自己的孩子一无是处；还有的妈妈错误地认为孩子需要的教育是训导和惩罚。虽然看到了孩子身上的优点、长处，但只是内心欢喜，却不动声色，而对孩子身上的缺点和错误没事就批评、指责，甚至惩罚孩子。其实，这些做法都是错误的。这些妈妈的否定与不赏识，很容易使孩子在抱怨和批评中丧失自尊与自信，进而影响孩子的心理健康，甚至可能让孩子产生某些不良行为。

曾任中国青少年研究中心副主任的孙云晓教授这样说："成功父母与失败父母的区别是，前者将孩子对的东西挑出来，把他的优点挑出来，后者一眼就看到孩子的缺点。"

美国有个家庭，妈妈是俄罗斯人，不懂英语，根本看不懂儿子的作业，但是每次儿子将作业拿回来给她看时，她都会大加赞扬：“棒极了！”之后她小心翼翼地把它挂在客厅的墙壁上。每逢客人来时，她都很自豪地炫耀：“看，我儿子写得多棒！我相信他肯定能写得更好！”其实儿子写得并不好，客人们只是看主人这么说，就连连点头附和：“不错，不错，写得不错！”

儿子受到鼓励后，心想：我明天还能写得比今天更好！他的作业真的一天比一天写得好，学习成绩也逐渐提高，后来终于成为优秀的学生。

每个人的身上都有优点与长处，但同时，每个人都不可避免地存在着这样或那样的缺点和不足。很多妈妈通常过于放大孩子的缺点和不足，试图让孩子克服所有缺点，弥补自身的不足。一个人有缺点和不足虽然需要去克服、弥补，可如果让孩子把主要精力都用在克服缺点和弥补不足上，那么孩子很可能因此而丧失自身优势。

所以，妈妈在生活中一定要细心，善于发现孩子身上的闪光点。善于发掘并放大孩子身上的闪光点，可以有效促进孩子认知自身的潜力，进而不断发展各种能力。当孩子对自己有了正确的认识之后，就不会再怀疑自己的能力和价值，进而对生活充满激情。妈妈善于发掘并放大孩子身上的闪光点，其实就是帮助孩子确信：自己的幸福掌握在自己手中，成功必须靠自己的努力。

妈妈善于发掘并放大孩子身上的闪光点，其实就是给孩子一股无穷的力量，它可以催人奋进，开阔孩子前进的空间，激励孩子的昂扬斗志。

那么，妈妈怎么做才能发掘出孩子身上的闪光点呢？

1. 树立赏识教育的理念

教育家陶行知先生说："教育孩子的全部秘密在于相信孩子和解放孩子。相信孩子，解放孩子，首先要赏识孩子。"懂得赏识孩子的妈妈，在教育孩子的过程中通常可以取得事半功倍的效果。善于赏识孩子的妈妈总是可以着眼于孩子身上的优点和进步，她们能够客观评价孩子身上的微小努力与点滴进步，而且可以不断鼓励孩子充满信心，继续努力。对于孩子出现的失误，赏识型妈妈可以用宽容、理解的心情对待，同时提醒孩子减少失误，取得更佳的成绩。

2. 不与其他孩子做比较

妈妈不要总拿自己孩子身上的短处和其他孩子身上的长处相比较，因为这种比较会使妈妈看不到孩子身上的长处，并最终伤害孩子的自尊。

3. 不要用成人的标准衡量孩子

在这个世界上，不存在只有缺点没有优点的人，孩子更是如此。妈妈之所以找不到孩子身上的优点，往往是因为自己衡量孩子行为的标准太高了。如果妈妈用成人成熟的思维和丰富的经验做标准，衡量思维并未发育成熟，知识、经验、能力尚匮乏的孩子，那么孩子的行为肯定难以符合妈妈的要求与期望，结果妈妈就更看不到孩子的优点和成绩了。

4. 全方位审视孩子的优点，帮孩子建立自信

发掘孩子的优点应该从小事、琐事上着眼，不要只盯着学习成绩，如果用成绩的不足否定孩子的长处，那么就会打击孩子的自信。

鼓励孩子多问“为什么”

“好问是求知，是探索，是思考的花园里开出的花，是智慧的夜幕中闪着的光。”的确，疑问是开启成功之门的钥匙，遇事常常问个“为什么”，有助于培养孩子养成积极动脑的习惯，帮孩子建立对事物的浓厚兴趣。鼓励孩子提问，培养孩子多问“为什么”，有助于开发孩子的智力。

有位人类学家说过：“凡是为人类贡献过创造之果的人，他们浑身上下的口袋装的都是问题。”日常生活中，孩子提出的问题表面上看起来很荒诞，但实际上，从他们提问时的眼神中我们就能明白，他们所提出的问题是不容忽视的，更不可以嘲笑。

处在儿童期的孩子问题最多，尤其是幼儿期，我们将这段时期称作“提问期”。这个时期的孩子最喜欢提问，而且有打破砂锅问到底的势头，常常让成人感到难以招架。他们的小脑袋里似乎有问不完的问题，“怎么”“什么”“为什么”，比如，听完故事后，他们会向妈妈提出很多问题，如什么叫羡慕？什么叫打草惊蛇？什么叫继母？

孩子的提问，其实是借助成人的力量对周围的环境进行认识上的探究行为，是孩子求知的萌芽。他们会通过提问的方式理解事物和事物之间的相互关系，并从中获得思维方法，提高观察能力。孩子的提问过程一般隐含着极强烈的探索精神。妈妈应该认真倾听他们的提问，并用通俗易懂的语言给孩子解释，引导孩子看书，没事带孩子去大自然中探索，让孩子对各种物理现象有感性认识。如果孩子没有提出问题，妈妈应该主动给孩子讲，不要觉得孩子还小、听不懂，其实在他们似懂非懂的时候也可以了解很多知识。孩子的思维非常活跃，妈妈千万不可忽略从小对孩子的教育。

梁薇从小就有非常强的求知欲和想象力，喜欢提问和思考。在她两岁多时，一次，妈妈领她上街，看到一辆车停在路旁，她就问："妈妈，那辆车为什么不走呢？"

妈妈说："那里是停车位，它的主人把它停在那里了。"

梁薇又问："它的主人去干什么了？"

妈妈随口说了一句："我也不知道。"

梁薇歪着小脑袋想了想，认真地说："它的主人肯定是去买东西吃了！"

还有一次，小姨给梁薇带来一个火龙果，她一个劲儿地问小姨："火龙果里为什么有芝麻？"小姨不知道怎么回答，就叫她去玩吹肥皂泡。谁知道，她在吹肥皂泡时，看到五彩缤纷的肥皂泡后，提出的问题反而更多了。

上小学之后，梁薇的成绩越来越好，正是因为她喜欢提问，所以知识面比其他同学更宽。

在日常生活、学习乃至在今后的工作中，我们应当多提些“为什么”，并且要有不断突破的精神。只有这样，我们才能够体验到学习的更多乐趣。而对于孩子来说，一个只会读书、不会提问的孩子是不会成功的。

心理学关于思维的描述有这样一段话：“发现问题是思维活动中最重要的环节。没有问题的思维是肤浅的、被动的。当个体感到需要问为什么、是什么、怎么办时，思维才算真正发动，否则，思维就难以展开和深入。”爱提问题的孩子，求知欲是旺盛的，是思维形成的表现，只有在不断提出问题、解决问题的过程中才能发展孩子的创造能力。

多问“为什么”，并不断地求解，不但能丰富孩子的知识，还能提高他们的智力；多问“为什么”，能提高孩子的理解能力，在求索的过程中，孩子的热情也被充分激发出来，思维也能得到很好的开发；多问“为什么”，能培养孩子的创新思维，孩子能从问的角度思考，得出他自己的结论，这对孩子的发展无疑有很大的帮助；多问“为什么”，能培养孩子的自学能力，让孩子从学习中获取自己需要的答案，既培养了孩子的主动性和积极性，又让孩子认识到了获取知识的手段。

一个爱问“为什么”的孩子，是一个充满好奇而又不断探索思考的孩子。妈妈应该鼓励孩子多问，对于孩子的问题，不管是学习上的还是生活中的，都不要不耐烦，而应该积极配合解答。

试着间接赏识自己的孩子

妈妈赏识孩子的方式多种多样，可以当着孩子的面直接赞美，也可以通过第三方间接赞美。间接赏识孩子分两种情况：其一，妈妈不直接当面称赞孩子，而是通过与第三者交谈的方式让孩子在“无意”中发现妈妈的溢美之词。其二，妈妈充当桥梁，让孩子知道别人是怎么为他鼓掌的。

真诚坦白地直接赞美孩子，固然能取得效果，但如果用词不当，就可能使赞美之词沦为孩子伤心的缘由，给孩子留下“虚伪”的印象。比起直接赞美，采取间接的赞美方式往往更保险。但要做到从容自如、得心应手地间接赞美孩子，就要巧设场景。

一天，小英的妈妈请几位朋友来家里吃饭。由于作业还没做完，小英匆匆吃完饭后就回房间了。

吃了一会儿之后，几位家长开始谈论起各自教育孩子的心得。这时，小英的妈妈突然非常自豪地说道：“我觉得我女儿很好，既聪明又听话，而且非常关心别人。前几天，我洗完衣服后，她还帮我倒水洗脚，女儿虽然很小，但她的懂事让我暖在心里！”

说这话时，小英妈妈的几个朋友都用羡慕的眼神看着她，其中有一个朋友说：“小英真是个好孩子，我们太羡慕你了！”

“其实你们的孩子都非常好，只不过你们只看见了孩子身上的缺点，却忽略了孩子身上的优点。”小英的妈妈对朋友们说。

小英在自己房间里听到了妈妈和朋友们的谈话，心里非常高兴。她下定决心，以后要更努力地学习，不能辜负妈妈对自己的赞赏！

小英的妈妈非常精明，她明知道孩子就在房间，通过和朋友交谈的方式赞美孩子，孩子一定可以听到。想赞美一个人，当面赞美虽然可以起到一定的作用，但是在背后赞美的效果会更显著，被赞美的人往往更容易接受，还能激起他做得更好的愿望。

当然，父母对孩子的赏识更多的时候只是自己的主观评价，往往不能从实际生活中得到对证，而别人对孩子的赏识大都来自实际交往，他们并不会故意夸奖孩子，即他们的话更客观，所以孩子也更在乎别人对自己的评价。

戴星卓的姑姑是位事业有成的职业女性。戴星卓从小就非常崇拜自己的姑姑。

一次，戴星卓从姑姑家做客回来，妈妈无意间说了句：“今天你姑姑夸你懂礼貌了。”

“真的吗？”戴星卓表现得非常兴奋。

“真的啊，她亲口对我说的。”妈妈说。

从那以后，戴星卓遇到熟人就会主动打招呼，还经常问候老人、帮助他人……变得越来越懂礼貌了。妈妈发现女儿的变化之后，在每次戴星卓从姑姑家做客回来后，她都会神秘地告诉女儿：“你知道吗，你姑姑偷偷对我说，星卓抢着做家务，是个懂事的好孩子。”“姑姑夸你学习努力，说你将来肯定可以干出大事。”

……

从那以后，戴星卓每次去姑姑家做客之后，整个人都会有很大的进步。

很明显，妈妈借姑姑之口的间接赞美起到了非常好的作用，增强了女儿的自信，让女儿变得越来越优秀。

一次家长会之后，几位老师都同时告诉一位学生的家长，说他的孩子不好好学习，不遵守纪律等。妈妈非常生气，站在身旁被数落的学生也非常害怕。

最后，有个年轻的教师却对那个愤怒的家长说：“这孩子的确是有些淘气，但同时，他也是个聪明的孩子，如果能好好学习，将来肯定会有出息。”

听到这位老师的话，妈妈的情绪才有所缓和，那个学生也终于松了口气。从那以后，这个原本非常调皮的学生就好像变了个人似的，不仅遵守纪律、努力学习，而且顺利考上了重点中学，后来又以优异的成绩考上了名牌大学。

后来，那位妈妈在路上遇到那位曾经夸赞自己儿子的老师，感激地对他说："真没想到，您的一句话，让我儿子从那之后就像变了个人，如今还真出息了。"

这个学生考上大学后，给那位老师写信说道："是您的一句赞美，改变了我一生的命运，让我及时改掉了懒惰、散漫的劣习；是您的一句赞美，让我认识到了自己的价值，并对未来充满信心。"

每个人都希望得到别人的赞赏，孩子也是如此。他们不但希望获得家人的赞赏，更希望得到老师、邻居、朋友等人的夸奖。当孩子如愿获知别人对自己的评价，尤其是积极的评价后，往往能产生更大的动力。即使当时他们并没有被所夸的人说的那么优秀，但他们也会朝着那个目标去努力。

虽然妈妈当着孩子的面赞扬孩子的这种行为对孩子有鼓励作用，但孩子也可能因为听多了而习以为常，这时，家长不妨换另一种方式——通过与他人交谈让孩子明白妈妈在间接赏识自己，这反而能取得意想不到的效果。

总之，在赏识教育中，妈妈不但能通过第三方表达自己对孩子的赞美，也能借他人之口表扬孩子，而这些就是我们所说的间接赏识孩子。有的时候，间接常识会比直接赏识的效果更佳。

第四章
放宽心去爱，给孩子规则以外的自由

有人说，自由和规则如同一颗糖和一根棒，没有孩子是喜欢棒而放弃糖的。一个行动自由的孩子，内心是平静的，也愿意遵守规则；一个没有自由的孩子，内心是躁动不安或郁郁寡欢的。妈妈在给孩子自由的同时，也要用规则来保护自由。

尊重孩子，将孩子当作自由的个体对待

台湾女作家张晓风在一篇散文中这样描述母亲与孩子之间的关系："我几乎可以听到剪断脐带的声音，我们的生命就此分割了，分割了，以一把利剪，而今往后，虽然表面上我们将住在一个屋子里，我将乳养你、抱你、亲吻你，用歌声送你去每晚的梦中，但无论如何，你将是你自己的了。你的眼泪，你的欢笑，都将与我无份，你将扇动你的羽翼，飞向你自己的晴空。"的确，孩子从出生开始就意味着独立和自主。虽然很多妈妈并未意识到这一点，不管是在孩子小的时候还是在入学后，妈妈的思虑和做法，其实并未真正把孩子当成是独立的个体来看待。

某高校的一位研究生，成绩优异。校领导考虑派他出国深造，找人与他商谈这事时，原本以为他会很开心，毕竟机会难得，但是这位研究生听到这个消息时却愁眉紧锁，到最后竟然直接拒绝了领导。这让领导感到很震惊。经过调查才发现，虽然这个学生成绩优

秀，但对其他事一窍不通，导致他后来生活不能自理，到最后只好选择放弃。

有这样一位母亲，她的儿子考上了美国某著名大学，被喻为“神童”。为了让儿子衣食无忧，她不惜一切代价拿到了美国绿卡，陪儿子一起读书。到了美国之后，她省吃俭用，变着花样给儿子做各种好吃的、好穿的。几年后，儿子找了一家好公司去上班，妈妈却因为过度劳累卧床不起。自从母亲病倒后，儿子就因为生活不能自理而被公司解雇。儿子想要再找个新公司就职，却没想到接连碰壁，到最后落得流落街头。

上面这两个案例不得不让我们反思：在教育孩子时，我们是否有意无意地包办了孩子很多力所能及的事？在重视孩子学习成绩的同时是否忽略了对孩子生活能力的培养？作为妈妈，你是否在无意中剥夺了孩子成长的权利，限制了孩子的自我发展？

我国著名教育学家陈鹤琴先生曾说过：“凡儿童自己能够做到的，应该让他自己做；凡儿童自己能够想到的，应该让他自己去想。”懂得放手让孩子自己做，孩子才能得到锻炼的机会，妈妈也能发现孩子无限的潜能；如果我们一直“大手帮小手”，那么孩子将会在无形中被剥夺很多发展机会。

相信身边的每个人都有过这样的经历：客人来家里时，妈妈大多数时候只是向客人介绍家里的成年人，却忽略了孩子。即使做介绍，妈妈也不过是简单地说一句“这是我的儿子”或“这是我的女儿”，连孩子的姓名都不会提及。而这种现象在大多数妈妈的眼中视为正常，因为在她的眼中，孩子只不过是自己的附属。

但是在欧美国家，在孩子的教育上却更重视对孩子的尊重。19世纪末20世纪初，美国大教育家约翰·杜威提出了一个被喻为哥白尼式“革命”的教育理论，这是从传统教育到现代教育的大转变，即教育理念的大转变，将原来的以教师、课堂、书本为中心转变为以学生、社会、经验为中心。这一理论在美国一直延续至今。美国的家庭教育、学校教育比较尊重孩子的权利，围绕孩子去组织教学，这都归功于约翰·杜威的学说。美国的教育思想和教育哲学决定了美国社会对待孩子的态度——将孩子作为独立个体来对待。

和欧美国家将孩子当成独立个体的现象比，中国父母，尤其是妈妈大都将孩子当成自己生命的一部分，如此一来，付出得多，要求得多，在孩子个性方面的压制也会更多。有的妈妈将自己的理想、愿望寄托在孩子身上，一味地要求孩子学习好，以满足自己的要求，而并非因材施教，全面发展。事实上，中国和欧美发达国家在培养孩子独立性做法上的差别，归根结底是教育观念上的差别。

在欧美国家的家长看来：世界上所有的爱都以聚合为最终目的，但是父母对孩子的爱却是以分离为目的的。父母真正成功的爱，就是让孩子尽早独立起来，从父母的生命中分离出去，分离得越早越好。中国的妈妈却常常以爱的名义对最亲近的孩子进行非爱性的掠夺。我们常常听到妈妈对孩子说：“你看看，有了你以后，我整个人都变老了，工作也落伍了，我为你牺牲了所有，你怎么就不好好读书呢？”其实这就是“非爱行为”——以爱的名义强制性控制别人的意愿去做事情。时间久了，孩子很容易丧失独立性，产生依赖性。其实这就是教育中存在的隐忧。

中国的孩子在生活上备受压抑。尤其是实行计划生育之后，每个家庭只有一个孩子，这个问题就变得更严重了。近年来，社会上甚至出现了孩子杀害父母的案件，其实就是家庭教育不当导致的。

妈妈应该学会将孩子作为独立的个体去尊重，任何时候，都请放下家长的架子，多与孩子心平气和地讨论、商量。

赞许孩子的决定，给孩子选择的权力

每个人都渴望自己的决定被人赞许，孩子也不例外，他们都是独立的个体，对每件事都有着自己的看法，希望能按照自己的想法去做。但是，很多妈妈并不理解这一点，她们并不理会孩子的意见，甚至粗暴地将自己的意愿强加给孩子。久而久之，就会造成亲子关系恶化。所以，妈妈要学会尊重孩子、尊重孩子的决定。

妈妈尊重孩子的决定，会让孩子产生成就感，进而增强他们的自信心和独立性。比如，孩子决定实行自己的读书计划，决定参加一场音乐剧，决定买一件喜欢的衣服……作为父母，不能只是一味地指责，而是要为孩子可以独自做决定而开心，要发自内心地支持孩子，为他可以完成自己的计划创造出有利条件。同时，妈妈要教会孩子从行为中预见结果，自觉抵制不良行为的诱惑。在这个过程中，妈妈有义务将自己的价值观、道德观、行为准则展现在孩子面前，在潜移默化中教育孩子，让孩子从内心尊重自己，并且让这一价值观逐渐泛化，转化成孩子对社会、对家庭的责任感。

一次开家长会，有位妈妈突然谈起自己和女儿之间的误会，以及自己的深刻体会："女儿读二年级以后，就不再像之前那么听我的话了。一段时间之后，我总是因为她穿什么衣服、看什么书、学什么特长和她发生冲突，这让我非常伤心、迷惘。我觉得好的、美的东西，她却都不喜欢；我让她这样做，她非要那样做，跟我对着干。因为这类事情，我也苦恼过、失望过、反思过。但是后来，我在寻找答案的过程中悟出了一点儿道理，其实是孩子让我进步了。"

"于是，我开始尊重孩子的个性发展。孩子并不是我的附属品，她遇事情有自己的想法。孩子的意见是她逐渐成长的表现与标志，我应该尊重、理解、鼓励她。比如，孩子主张穿什么样的衣服，说明她已经有了自己的审美和情趣。只要别太出格，我就会让她去穿，因为我知道，自己不能用成年人的标尺去控制和干涉孩子。"

的确，作为妈妈，如果经常否定孩子的做法或者想法，那么时间长了肯定会让孩子产生反感甚至讨厌妈妈。其实，随着孩子的逐渐长大，他们总会有自己的想法，而且想将之付诸行动，哪怕他们的行为看起来十分笨拙，甚至是错误的，对于孩子而言，也是个全新的体验，妈妈要做的就是引导孩子了解问题的所有答案，之后做出选择，并承担选择后的结果。有的妈妈甚至将自己的权威建立在对孩子的发号施令上，只允许孩子服从自己，不允许孩子反抗。如此一来，孩子对妈妈强加给自己的意愿就会表现出"假装的顺从"。

林富强8岁生日那天，妈妈给他买了一整套珍贵的邮票，希望以此鼓励他集邮的兴趣。后来，林富强在朋友那儿发现了一套街舞明星的签名照，非常眼馋，于是用这套邮票换了那套明星签名照。妈妈得知这件事后，非常生气。

首先，妈妈觉得这是她送给儿子的礼物，儿子这么轻易地换掉，是对自己的不尊重。

其次，她得知和林富强换明星签名照的小孩儿比他大，应该懂得这套邮票的价值远远超过那套明星签名照的价值，可他并没有告诉林富强，所以肯定是想占林富强的便宜。

当然，最重要的是妈妈觉得儿子没有和她商量，就把整套邮票换出去了，所以，她决定要给儿子个教训。她向儿子指出这两件东西是不等价的，而且强迫他去朋友那儿换回邮票，这使得儿子非常难为情，而且让孩子觉得自己很蠢笨，也因此和朋友之间的关系破裂了。

换邮票是林富强自己做的决定，不管他的做法成熟与否，妈妈都该尊重他的这个决定。理想的做法是，当林富强向妈妈展示自己新换来的明星签名照时，妈妈应该和他一同欣赏，而不应立刻提出异议。等过一段时间之后，妈妈再找个适当的机会，向儿子解释两件东西的不同价值，而不用提起林富强当时的交换行为。如此一来，林富强就能意识到自己以大换小的行为是有失公允的。

即便到了这个时候，是否去找朋友要回邮票也该由林富强自己决定，妈妈不能参与其中。如果按照妈妈原来的处理办法，林富强就会觉得羞惭、无能，将所有的错都归咎在自己身上。事实上，林富强那么小，又怎会懂得这些东西的价值呢？既然他不懂，妈妈又怎么能随便怪他呢？其实，在妈妈教训林富强的过程中，也夹杂了对自己尊严的重申和维护，妈妈的这种居高临下的态度其实也是不尊重儿子的表现。

不过，尊重孩子并不意味着放纵。在尊重孩子意见和权利的同时，也该与他一起商定一些必要的约束规则，让孩子了解到，自己的经验没有父母丰富，做决定时需要参考父母的意见。

当孩子得到父母的尊重时，就会发生一系列正面的连锁反应，孩子的心里也能早早种下民主、平等、宽容、理解的种子。这些对孩子人格的完善与发展起着至关重要的作用。

妈妈不包办，培养孩子独立自主的品质

天底下没有不爱自己孩子的妈妈。然而，怎么才算真正的爱孩子呢？爱孩子不该对他过分呵护，过分娇惯，而应该为孩子的未来着想，培养孩子独立自主的能力。可以说，这是社会对孩子提出的要求，也是妈妈对孩子的忠告。

很多妈妈对孩子过分宠爱、过度保护、过多照顾、过高期望，这“四过”束得孩子动弹不得，喘不过气来，严重影响了他们独立性的形成。其实，如果你真的爱孩子，首先要承认孩子是个独立的个体，他有自己的独立愿望，从他出生的那一刻开始，就要有意识地培养他的独立性。比如，让孩子养成独自睡眠习惯，培养他自己捧奶瓶喝奶、用杯子喝水、用汤匙吃饭的能力，培养他分享的能力、自由交往的能力等，凡孩子可以独自做的事，妈妈或家里的其他人都不宜包办，放手让孩子自己去完成，才能逐步引导孩子走向独立自主。

我国有句古话：“慈母多败儿。”意思就是说，妈妈过分慈

爱，孩子大都难成大器。虽然疼爱子女是每个妈妈的天性，也是应尽的责任，但凡事都该有个度，否则物极必反。如今，人们的生活水平逐渐提高，给孩子提供丰厚的物质生活也在情理之中，但千万不能过了头。如今有很多妈妈，对孩子缺乏理智的爱，让孩子过着饭来张口、衣来伸手的生活，对孩子提出的所有要求一律应允。其实，过分溺爱，往往会种下恶果，播下的是溺爱的种子，收获的可能是腐败的果实。为了培养聪慧、勤勉、坚强的下一代，妈妈们不应再溺爱孩子。

一次，一个4岁的美国儿童蹲在地上吃力地系鞋带，一个经过他身边的成年人见此情景，提出要帮助他，但遭到了拒绝。

成年人正觉得疑惑时，孩子开口问道："你知道我多大了吗？"

成年人摇了摇头，说道："不知道，但是我想你应该很小。"

孩子却一本正经地反驳他："我已经不小了，我都4岁了。"很明显，这个孩子觉得自己已经长大了，系鞋带这种小事应该由自己来做。

其实，每个孩子都具有独立意识，这种意识是孩子独立的先决条件。孩子在很小的时候就拥有非常强的独立意识，因此妈妈应该尊重孩子的独立意识，当孩子主动要求做一些事情时，千万不要因为孩子年龄小而拒绝或者包办，否则只会扼杀孩子的动手意识。

那么妈妈该怎么培养孩子自主自立的能力呢？

1. 让孩子自己的事情自己做

如果孩子需要在妈妈的帮助下才能完成某件事，妈妈不给予帮助，就是失职的表现。然而，当孩子有能力独立完成这件事时，妈妈就可以要求孩子独立完成这件事。试想，如果孩子没有摔倒了可以重新站起来的勇气与毅力，那么他怎么在这个社会上生存下去？如果孩子没有妈妈的呵护就变得无措，那他怎么去与人竞争？

2. 教孩子自己去处理问题

让孩子学会自己去解决问题，不但有助于培养孩子的自主意识，而且能提高他分辨是非的能力。当孩子办错事或可以独自处理事情时，尽量让他独自处理或参与，让他成为主角。有个孩子和妈妈到邻居家做客，孩子看到邻居家小孩的铅笔刀很可爱，就偷偷放进自己的兜里。妈妈看到之后什么都没说，而是给她讲了个故事，让她说出故事的寓意。孩子想了想说："如果拿了别人的东西，必须还给别人。"事后，孩子将铅笔刀悄悄地放了回去。

3. 培养孩子的责任感

要想培养孩子的独立性，就要先培养孩子的责任感。妈妈可以适当让孩子感受一下办事不负责任的后果，孩子如果一再受到后果的惩罚，自然而然就会提高警惕，再做同样的事情时自然不会再马马虎虎、草率了事了。要想提升孩子的责任心，妈妈平时就要培养孩子做事有始有终、负责到底的好习惯。交给孩子做的事，无论大小，妈妈都要全程监督，发现问题及时纠正，决不允许孩子半途而废，直到孩子从头至尾认认真真地将事情做完、做好为止。

总之，培养孩子的独立性是个长远的事情，必须坚持到底，贯穿在孩子的生活、游戏、学习和劳动中，家庭成员的态度必须一致，否则很难养成孩子的独立性。当孩子遇到困难无法独立完成要做的事时，妈妈要给予孩子鼓励和引导，必要时可以适当给予帮助，不过总体上必须坚持让孩子独立完成。还要注意一点，不能勉强孩子去做他力所不能及的事，否则会使孩子丧失独立的信心。哪怕孩子因为能力问题无法独立完成他该做的事，妈妈也不能批评、取笑孩子，否则就会引发孩子不愉快的情绪，甚至伤害孩子的自尊心，使孩子丧失独立的信心和愿望。

允许孩子有自己的梦想

很多妈妈从孩子出生那一刻就开始为孩子铺设理想的蓝图，甚至连孩子将来读哪所大学、哪个专业都考虑到了。为了实现这个目标，妈妈们忽略了孩子的爱好和理想，强迫孩子按自己设计的轨迹发展。如果孩子稍微违背自己的意愿，妈妈就会把孩子的所有努力和成绩全盘否定，甚至打骂孩子。

的确，现代社会的竞争越来越激烈，这种望子成龙的良好愿望本无可厚非。可为了孩子有个好前途而给孩子过大的压力，就很容易让孩子不堪重负，导致孩子很难拥有独立自主的能力。

陈晓明从小就喜欢画画，虽然没接受过专业的培训，但画什么像什么，很有天赋。他非常想报美术班，但是妈妈考虑到他已经读小学五年级了，担心报美术班会影响他的学习，所以坚决反对他的想法。

妈妈不经晓明的同意，在校外给他报了英语班、数学班，而且不辞辛苦每天接送。晓明对这些科目不感兴趣，为逃避上课经常撒谎，放学不回家。结果一个学期之后，晓明什么都没学会。

很多妈妈可能自己没什么特别的成就，于是将所有希望寄托在孩子身上，希望孩子可以实现自己当初没有完成的梦想。所以，妈妈节衣缩食给孩子报各种兴趣班：钢琴班、舞蹈班、围棋班，联系人脉帮孩子出书、让孩子当班干部，似乎只要是自己以为好的东西都要给孩子加上，结果使孩子的内心对父母的严厉压迫充满怨恨。

很多妈妈在教育孩子的过程中无视孩子的爱，更谈不上尊重，导致孩子的爱好、特长没能得到长足的发展。如果妈妈真正关心孩子的未来，就不要将自己的意愿强加给孩子。孩子有自己的爱好，只要不是原则问题，妈妈就不要干涉过多，让孩子自行发展的同时注意观察孩子的天赋，之后因势利导，促其发展。妈妈千万不能主观地为孩子设计好一切，强迫孩子去做，否则会压抑孩子的兴趣，让孩子产生逆反心理。妈妈要尊重孩子的意见，校外兴趣班的上或不上必须征求孩子的意见。如果孩子说得有理，妈妈就要尊重孩子的选择，予以采纳。

其实，希望孩子成为全才并没有错，错的是父母逼迫的态度。真正的天才不是逼出来的。

妈妈要正视自己的孩子，相信自己的孩子，不要因为一时的疏忽伤了孩子的自尊心。成功的路千万条，不要把自己的意愿强加给孩子，以免增加孩子的负担。为此，妈妈应这样做。

1. 给孩子一个属于自己的空间

妈妈要给孩子足够的成长空间，让他有自己的理想和愿望，有自己的思想和独立思考的权利。不要让孩子成为别人怎么想就怎么做的人，更不要让孩子成为代替自己实现未尽理想的工具。妈妈可以根据孩子的具体情况和兴趣，向孩子提出建议，引导孩子找到自己努力的方向。

2. 尊重孩子的独立性

随着孩子一天天的长大，他会逐渐形成独立的意识，所以妈妈要尊重孩子的独立性，让孩子充分地发展，而不是被自己限制在已为他设计好的框架里。不然的话，孩子就会像自己一样，在补偿大人遗憾的同时，留下自己的遗憾。

3. 精心培养孩子的“理想之苗”

当然，对孩子的理想，妈妈采取不理不睬或者揠苗助长的做法都是错误的。如果妈妈用这样的态度对待孩子的理想之苗，那么孩子很可能无法树立稳固理想。正确的做法是鼓励孩子树立理想，并为理想而努力。妈妈对孩子的理想之苗要一点点地培养扶持，要细心浇灌、滋润。

允许孩子说出自己的主见

有一则寓言故事，叫《布·丹封的毛驴》。

在一个院子里，一头毛驴想吃草。这时，毛驴的左边和右边各放着一堆青草。哪知，毛驴在这两堆青草之间犯了难：究竟是先吃左边的，还是先吃右边的？毛驴纠结了良久，到最后竟然饿死了。

看完这则寓言故事后，你可能会笑话毛驴的愚蠢和犹豫不决。但是，在现实生活中，很多孩子的身上都上演过布·丹封毛驴的故事。

李霞8岁了，不管是在学校还是在家里，大家都夸她是个乖巧、懂事的好孩子。在家里，妈妈让她干什么，她就干什么；妈妈让她怎么干，她就怎么干，表现得十分听话。和小伙伴一起玩耍时，李霞也都顺从他人的意思，很少有自己的想法。最近，李霞的妈妈从老师那儿得知，李霞有个缺点：在老师教给她一种解题的方法后，她就不会再尝试其他方法了。这让李霞的妈妈非常担心。

刘朋已经上小学四年级了，但做事总是犹犹豫豫的。妈妈给他钱让他去超市买口香糖时，他总是挑来挑去，拿不定主意。如果没人催促他，他可能会在那儿挑十几分钟。一次，妈妈逛商场给他买衣服，他左挑右拣，犹豫是买蓝色的还是买绿色的，来回折腾了一上午。作为一个男孩子，他的优柔寡断着实让妈妈担忧。

以上这两个案例中的孩子都有一个共同的特点，那就是遇到事情拿不定主意、犹豫不决、不果断。这样的孩子往往缺乏主见，不容易得到他人的尊重，常常成为受人欺负的对象，长此以往，孩子的成长与心理健康就会受影响。

那么，孩子的这种遇事拿不定主意、犹豫不决的性格又是怎么形成的呢？事实上，每一种不良性格的形成都有其不利的因素。对于孩子来说，他们之所以形成优柔寡断的性格，与家长的教育是分不开的。归纳起来，对于妈妈来说，造成孩子犹豫不决的原因有以下几点。

（1）妈妈过于保护，孩子依赖性强。一位心理学工作者去一所学校调查小学生的自主性状况。在被调查的150名学生中，当被问到在学习和生活中遇到难题，一时解决不了该怎么办时，150名学生几乎异口同声地回答："有困难当然是找父母解决。"当被问到今后准备从事什么职业时，竟有70%的学生说要先回家问过父母才能回答。父母是孩子心目中的权威，再加上有些父母习惯替孩子设想并安排一切，所以造成了孩子的唯命是从，不敢干甚至不敢想违背父母意愿的事情。因此，妈妈不可过分保护孩子，以免孩子形成依赖心理。

（2）妈妈的过度限制，造成孩子认识上的障碍。现实生活中，很多妈妈对孩子限制颇多，总是要求孩子这个不能做，那个不能为，这导致许多孩子产生认知上的障碍。心理学认为，对问题的本质缺乏清晰的认识是一个人遇事拿不定主意并产生心理冲突的原因。对于孩子而言，由于涉世未深，对一些事物缺乏必要的知识和经验，因此就容易导致遇事犹豫不决。

（3）缺乏沟通，让孩子产生犹豫不决的心理。有些妈妈因为工作忙，和孩子之间缺乏沟通，不理解孩子，往往使孩子产生畏惧心理，不敢说、不敢做自己想做的事情。

（4）缺乏训练，导致孩子遇事拿不定主意。有些孩子从小在备受溺爱的家庭中过着“衣来伸手，饭来张口”的生活。这种孩子一旦独自走进社会，遇事就比较容易优柔寡断。这种教育方式教出来的孩子不敢越雷池一步。在情况发生变化时，他们由于缺乏训练，常常左右徘徊，拿不定主意。

几岁到十几岁的孩子往往都以自我为中心，对妈妈来说，家长如果不能体察他们的内心世界，不注意尊重他们的自主要求，一味按照自己的想法为他们规定学习和生活的模式，那么孩子的依赖性就会越来越强。这样的孩子长大后，很可能会成为优柔寡断、遇事毫无主见的人。

孩子将来是要独当一面的，如果自己拿不定主意，就很容易误事或吃亏。所以，妈妈应当尽早教会孩子有自己的主见，教会孩子学会对自己负责，锻炼孩子独自决策的能力。

1. 给孩子自主决定的机会

要想培养有主见的孩子，妈妈就应该给孩子提供更多的可以自己做主的机会。

首先是吃的自主。在不影响孩子营养均衡的条件下，妈妈可以让孩子自行选择吃什么。比如，饭后吃水果时，妈妈不要强迫孩子今天吃苹果，明天吃香蕉，而要让孩子自主挑选。

其次是穿的自主。妈妈带孩子外出玩耍的时候，应该在确保安全的前提下，让孩子自己决定穿什么衣服、戴什么帽子。

最后是玩的自主。很多孩子在玩游戏时，并不想让成人教自己游戏规则，他们更愿意自己决定游戏方式，并体验其中的乐趣。妈妈可以让孩子自行选择玩具和玩法，这样能极大地满足孩子的自主意识，帮助孩子成为有主见的人。

2. 帮助孩子建立自信心

自信心是一个人对自身能力的认识和充分估计。它是自我意识的重要组成部分。有的孩子无法看清自身的能力，觉得自己做什么都不行，认为自己不如别人，低估了对自己能力的认识和可能达到的成就，觉得别人对自己的评价才是正确的。所以，不管什么时候，妈妈都要培养孩子的自信心。

3. 面对孩子的提问，妈妈可以尝试反问

要想开启、激活孩子的大脑，就需要妈妈有足够的耐心。面对孩子一次次的提问，妈妈可以适当表现得“无知”一些，延迟满足孩子立即从你那儿得到正确答案的欲望。你还可以尝试着反问孩子：“你想怎么做？”

4. 提高孩子分辨是非的能力

作为成年人，妈妈通常喜欢按自己的喜好去判断人物和事物。控制能力差的孩子通常看别人怎么做，自己就跟着学，很容易没主见。所以，妈妈要通过对成人的行为、言语的评价，逐步帮助孩子提高分辨是非的能力。

5. 让孩子有参与的机会

孩子做事缺乏主见，通常是因为妈妈不懂得和孩子平等沟通，做事武断，不尊重孩子的要求，让孩子缺乏参与的机会。妈妈应该给孩子充分表达自己愿望、独立思考的机会，多创造机会让孩子参与决策。

6. 为孩子提供及时的帮助

培养孩子有自己的主见，并不代表鼓励孩子盲目地做事情，而是让孩子在掌握事情的发展趋势后再去做事情。所以，在孩子做重大决定时，妈妈不妨帮孩子收集资料，让孩子了解、熟悉各个选项，这有助于孩子进行科学选择。

如果孩子平时自主性非常差，妈妈不妨和他一同分析资料，找出各个选项的利弊，了解孩子做出选择的动机。如果孩子平时就非常有主见，妈妈可以让孩子自主完成选择。当然，不同年龄阶段的孩子的自主能力不同，妈妈把关的尺度也要有所不同。

7. 让孩子学会说“不”

一个不懂得拒绝别人的孩子，在别人眼中往往是唯唯诺诺、缺乏想法的人。因此，日常生活中，妈妈应当鼓励孩子说出自己的想法，敢于对别人不合理的要求说“不”。

要提醒妈妈注意的是，培养孩子有主见，并非让孩子不听劝告、一意孤行，而是希望孩子在面临选择的时候可以保持清醒的头脑，有独立思考、判断的能力，如此才能有效避免或减少成长过程中不必要的损失或失败。

第五章
爱而不溺，锻炼孩子的生活自理能力

妈妈对孩子的爱是无私的，希望把世上所有的美好都给孩子。但是，过度的爱会变成溺爱。溺爱不但会阻碍孩子的独立发展，还会让孩子变得自私自利、不懂珍惜、难以独立。对孩子的爱要适当、合理，才能让孩子健康成长。

溺爱不是爱，而是赤裸裸的害

爱是什么？爱是理解，是呵护，是宽容，是人类最基本的情感需要，是健全人格的基础，是我们生命中的阳光和雨露。在所有的爱当中，妈妈对孩子的爱无疑是最无私、最伟大、最有牺牲精神的。然而，也正是这种人类最伟大的爱，却在今天的社会中，偏离了方向，让许多孩子渐渐迷失了自我。很多妈妈对“爱”的理解并不深刻，总是给予孩子无度的爱。最终的结果是适得其反。于是，越来越多的妈妈感慨：现在的孩子变了！

那么，这些在“爱”中成长起来的孩子到底变得怎么样了？

公交车上，一位妈妈笑呵呵地对她读三年级的女儿说：“来，坐这儿！坐妈妈这儿！”原来，这位妈妈用腿拱着搭成座位，让她的宝贝女儿坐到腿上。女儿听到妈妈这话，习惯性地坐了上去，还悠然自得地低着头，踢着脚尖。

一路上，妈妈疼惜地问女儿晚上想吃什么，学习累不累……女儿显得有些不耐烦了，皱着眉头对妈妈说：“话真多，大家都在看着呢！”

妈妈一听这话，就闭上了嘴。

钱多多的妈妈与中国的大多数妈妈一样，为了钱多多的成长和学习，省吃俭用，节衣缩食，每天为钱多多操劳，给她买各种玩具、电子琴、钢琴，请家庭教师，不让钱多多受一点点委屈，吃一点点苦……

而钱多多也是一个乖巧、听话的孩子，妈妈说什么，她就做什么。这让妈妈很省心。

钱多多高中毕业以后，妈妈把自己辛辛苦苦攒下来的15万元钱拿了出来，让钱多多到国外留学。

妈妈把钱多多送走一个星期后，一天下班她回到家里惊奇地发现，她的宝贝女儿居然在家里看电视！她惊讶得下巴都快掉下来了！

原来，钱多多刚到国外，首先遇到的就是“语言不通”这一困难！她的那点英语水平实在是让人不敢恭维。再加上她在家的时候就不大懂得与人交流，所以，根本找不到一个可以帮忙的对象，只要一遇到事情，她就手足无措地给妈妈打电话哭诉！

最后，她终于坚持不住，就买了张机票回来了。

看着自己娇气的“千金”，这位妈妈欲哭无泪！这时她才明白，正是自己无节制、包办的“爱”，才让自己的孩子变得“无能”，遇到问题没有办法自己解决，只会退缩。她真后悔自己昔日的那些过度溺爱的行为！可是，后悔又有什么用呢？

生活中，类似的例子还有很多，孩子之所以变得“没有自我”，不懂得“爱”别人，正是家长惹的祸！

事实上，真正的爱不是无度的、没有原则的。没有原则的爱，实际上是对爱的一种亵渎，是扭曲的爱，不能让孩子健康成长。真正的爱应该是理智、克制、包容的！真正爱孩子的妈妈不论在任何时候都会始终不渝地关心孩子的成长，关心孩子的身心健康。不论孩子是得意还是失意，是踌躇满志还是焦头烂额，是成功还是失败，妈妈都能坚持对孩子的爱，让孩子感受到自己在关心他、支持他，是他的坚实后盾……一个懂得爱的妈妈，不仅能让孩子感到快乐、安全，更能用自己的爱去培养和引导孩子爱别人，从而让孩子变得更加勇敢、坚强、富有责任感。

“爱”如此重要，可是，为什么很多妈妈就是不懂得“适度”地给予呢？归纳起来，有以下几个方面的原因。

1. 满足妈妈自己内心的需要

溺爱的一个重要原因，就是在妈妈的自我概念中，除了外在是“孩子的妈妈”之外，内心还有一个“内在的小孩”。她在自己小时候“物质上很贫乏”，或者从小没有得到妈妈更多的爱的情况下，时时告诫自己：“我一定不能让我的孩子和我小时候一样，我要让他做最幸福的孩子。”当妈妈将自己“内在的小孩”投射到现实中自己孩子的身上，无节制地满足孩子的时候，实际上就是在无节制地满足自己。这种无节制的爱，最终变成了毁灭孩子的溺爱。

2. 怕伤了孩子的心

一旦不答应孩子的要求，孩子就哭得满地打滚儿。看着孩子哭闹，这时妈妈早把原则丢到了脑后，只想尽快安抚孩子，不计一切后果地满足他的要求。

3. 弥补愧疚

有的妈妈因为工作忙，很少陪孩子，觉得自己的孩子在某些方面享受不到其他孩子的同等待遇，出于愧疚，她就会千方百计地满足孩子，只要是她能做到的，就不会拒绝。

4. 怕孩子受苦

“别人有的，我家孩子怎么能没有？”抱着这样的心态，妈妈生怕孩子得不到其他孩子的同等待遇，怕孩子受苦，所以会不讲原则地溺爱孩子。

5. 认为孩子还小

妈妈觉得孩子还小，和他讲道理也不懂，不如图个痛快满足孩子的要求，寄希望于孩子长大了就自然能明白，便想当然地认为，现在让孩子“任性”“不讲道理”“自我”一点也无妨。

正是以上这些心理，导致很多妈妈对孩子无节制地溺爱、纵容，使孩子最终在“爱”中迷失自我。

那么，对孩子理智、有原则的真爱应该是什么样的呢？

——真爱是“宽松”的。懂得“爱”的妈妈会放飞孩子，让他们学会自己管理自己。

——真爱是“尊重”的。懂得“爱”的妈妈会充分体现出民主、信任、尊重。

——真爱是“体贴”的。懂得“爱”的妈妈能充分去理解孩子，了解孩子的需要，给予孩子心灵上的关怀与温暖。

——真爱是“无条件”的。不论孩子是做对了还是做错了，真正爱孩子的妈妈都会一如既往地关爱孩子。

——真爱是“解决问题的爱”。当问题发生了，真正爱孩子的妈妈不会急着去指责孩子，而是去帮助孩子。

——真爱是能够“促进孩子成长”的。懂得把握爱的妈妈会注意自己爱的尺度，该严格时就严格，该锻炼的时候就放手让他做，该受磨炼的时候就狠下心来让孩子去经历。

妈妈们只有这样做，才能给予孩子真爱，才能让孩子健康地成长！

学会对孩子说“不”

如今的很多家庭中只有一个孩子，妈妈对孩子的爱护更多，捧在手里怕摔着，含在嘴里怕化了。妈妈们望子成龙、望女成凤的心十分迫切，宁愿自己省吃俭用，也要为孩子提供最好的生活环境，对于孩子提出的各种要求更是百依百顺，从来不会拒绝。

一个人在成长的过程中难免会遇到困难和挫折，如果妈妈过分溺爱孩子，满足孩子的各种要求，那么孩子很难独立起来。

“不”，不仅是一种回答，更是一种教养策略。妈妈可以在适当的时候通过说“不”，帮助孩子发展自立、自律、尊重他人、正直、容忍等方面的能力，以及其他很多关乎其成长的重要个性品质。

刘敏带着八岁的女儿唐瑛到朋友家做客。朋友准备了丰盛的午餐，而且告诉大家，主食是羊肉饼和红枣窝头。唐瑛一听有羊肉饼，有些失望，噘着嘴对妈妈说：“我不喜欢吃羊肉。”午饭端上桌，除了唐瑛，每个人都分了一个羊肉饼。

刘敏尝了一口，觉得羊肉饼非常好吃。见妈妈和周围的人都吃得很香，唐瑛也很想吃，直嚷着："我也要吃羊肉饼，我也要吃羊肉饼。"但是朋友在做的时候是按份做的，做的份数刚好，没有唐瑛的份，于是朋友的妻子想把自己的那份羊肉饼让给孩子。

没想到，刘敏当即拒绝："不用了，唐瑛说过她不喜欢吃羊肉饼。"但是唐瑛仍然一个劲儿地说："我要吃羊肉饼，我特想吃羊肉饼。"朋友的妻子心软了："给她吃吧！毕竟是个孩子嘛。"

但是刘敏仍然坚持说："不，是她自己说不吃的，她必须对自己说过的话负责任。"

刘敏是个非常理智的妈妈，她的教子行为是值得很多妈妈学习的。不管什么时候，妈妈都要敢于对孩子说"不"，让孩子承担自己决定的后果。缺乏责任心的孩子是很难成才的，妈妈千万不能剥夺孩子承担责任的机会，让孩子在体验的过程中成长，如此，孩子才能永远记住自己的责任。

当然，妈妈也不能总是拒绝孩子的愿望。如果用错误的方式说"不"或在错误的情境下说"不"，结果就会更糟。重要的是要知道什么时候用什么方式对孩子说"不"，如此才可以让"不"发挥作用。

1. 温柔地对孩子说"不"

妈妈不能以居高临下的气势对孩子说"不"，而是要温柔地告诉孩子“这样做不可以，因为……”当孩子从妈妈的眼光、语气、动作中看到满满爱意时，就会很容易接受这一切。

2. 不能出尔反尔

拒绝孩子之后必须要坚持下去，千万不可出尔反尔，否则会让孩子觉得大人说话不算数，妈妈也会在孩子面前失去威信。如果拒绝孩子后发现有不妥的地方，则可以在日后进行弥补，但是千万不能当场反悔，尤其不能因为孩子的撒娇、哭泣而改变决定。

3. 让孩子明白什么东西值得拥有

让孩子明白什么东西值得拥有，以及如何拥有它们。比如，当孩子想买个新玩具时，你拒绝了。此时，你不妨向孩子解释：你已经有很多新玩具了，完全没必要再买一个，用同样的价钱买本新书或买个新文具也许更有意义。

4. 不能对孩子以牙还牙

比如孩子不听话时，妈妈常常会用“不给零花钱”“不许看动画片”来要挟孩子，如此，妈妈只会失去孩子对自己的信任，而且很容易诱发孩子的报复心理。

5. 向孩子解释

对孩子说“不”时，记得向孩子解释。比如，让孩子明白自己是为他好，而并非仅仅是为了“让爸爸妈妈高兴”。

6. 切忌用交换条件的方式跟孩子说“不”

如果妈妈习惯说“如果你不哭，我就给你买新玩具”等作为条件交换，这样不仅会损坏孩子积极向上的内部动机，还会助长孩子养成动不动就讲条件的坏习惯。

7. 换位思考，以理服人

如果孩子因为遭到拒绝而哭闹不止，妈妈就应采取以理服人的方式，给孩子讲道理，采取换位思考的方式，让孩子理解妈妈说“不”的苦衷。

8. 不要在别人面前粗暴地拒绝孩子

孩子虽然年龄小，但自尊心很强，如果妈妈在别人面前大声斥责他、反驳他，他就会觉得丢脸。在这种情况下，孩子会变得更加倔强、任性。在公众场合需要拒绝孩子时，妈妈不妨蹲下来，悄悄和孩子说，这样既能保全孩子的面子，又容易让孩子接受。

过分溺爱，会导致孩子厌恶学习

妈妈过分溺爱孩子，会导致孩子的很多能力得不到锻炼和发展；妈妈什么事情都包办，就会使孩子的能力变得越来越弱。这样的孩子在学习或者生活中，就会遇到各种各样的困难和问题。就拿学习来说，孩子在学习上遇到了问题，因为平时与老师或者同学缺少沟通，也没有掌握很好的学习方法，所以就会处处碰壁，在学习的每个环节都会遭受挫折，时间一长，他便会不喜欢学习，甚至开始厌恶学习，越厌恶越不想学，成绩越下滑，最终辍学。这样的例子在现实生活中并不是没有发生过，妈妈们应该重视起来。

小山今年读六年级了，平时学习成绩一般。由于比较贪玩，他的成绩一直没有起色。爸爸妈妈平时总是在物质上满足他，他想要什么就给他买什么。和其他孩子的妈妈不太一样的是，别人的妈妈总是在考试前向孩子许诺，考好了有怎样的奖励。而小山的父母则相反，他们在小山成绩差的时候也会给他买礼物，因为他们不希望自己的孩子因为成绩差而不高兴。因为在学习上父母也帮不上小山的忙，所以只能给予孩子物质上的满足。

这天一家人吃晚饭的时候，小山说学习太难了，而且还这么枯燥乏味。爸爸妈妈说，多努努力，问问同学，向他们学习一下。小山示意地点了点头，然后继续吃饭。

第二天到了班里，小山想起了前一天爸爸妈妈说的话，觉得可以试一下。可是由于他平时都不怎么和那些学习好的同学交往，所以不知道怎么开口，而且觉得自己开口问这件事情很没有面子。于是他就把之前的事情忘了，对待学习也是听之任之，不再想通过各种方法来提高成绩了。慢慢地，成绩没有提高，他也越来越厌恶学习了，甚至每天上课的时候睡觉，整天昏昏沉沉的。

就这样，小山的成绩一路下滑，最后也没有考上一所比较理想的初中。

生活中这样的孩子不在少数，他们的家庭条件比较富裕，妈妈们对其疼爱有加，很少过问孩子的学习成绩，觉得自己可以帮助孩子很多，就算孩子退学了，自己也能够给他找一份工作。

其实这种想法是极其错误的。学习是孩子的天职，妈妈应该鼓励自己的孩子在学习上取得成绩，并且尽自己最大的努力去帮助他们，而不该是一种无所谓的态度。

孩子的学习成绩下降的同时，会伴随很多情况的出现。孩子本该饱满的学习动力却被妈妈的溺爱包围和限制了。作为妈妈，平时要给予孩子正确的关心和爱护，尤其是在学习上要给出正确的指导。

现在有很多妈妈和自己的孩子缺乏沟通，不能及时了解他的思想动态。还有的妈妈陷入了误区：有的是对孩子太过于溺爱，而有的则是忽略了孩子的家庭教育。在如今家庭中多为独生子女的大背景下，父母对孩子的疼爱与呵护太过，使得孩子逐渐养成了任性的习惯，父母没有办法与他进行沟通，只能够由着他的性子来。还有一种情况也很常见，由于社会压力大，节奏快，有很多父母都忙于工作，根本没有时间管孩子的学习，所以就把孩子的学习完全寄希望于学校，甚至觉得花钱给孩子上名校以后就万事大吉、顺风顺水了。其实并不是这样的。

妈妈们要认识到，孩子的教育并不是一个简单的问题，有家庭因素、学校因素和社会因素等多个方面，这其中父母给孩子的教育最为重要。所以，妈妈在平时不要只是对孩子进行说教，而是要进行平等的交流和沟通。这样才有利于孩子健康、全方面地发展。

冲突，让孩子自己去解决

和成年人一样，孩子之间也会产生冲突。解决冲突的过程是孩子健康成长、走向成熟的过程。当孩子告诉妈妈自己和其他小朋友产生矛盾后，妈妈不应气急败坏，责备自己的孩子或别人的孩子，而是要鼓励孩子去面对冲突，指导孩子自己去解决与别人之间的冲突，而不是回避冲突。除了极特殊情况，妈妈千万不能代替孩子去解决冲突。

一天，五岁的姚佳和王帅一起堆积木。当发现姚佳将自己的城堡搭建到王帅那边时，王帅非常生气，一下子就站起身来，踢倒了姚佳的城堡。

姚佳非常生气，大吼道：“你踢倒我的城堡了！”王帅也非常生气，怒气冲冲地说：“谁让你越过我的地盘！”姚佳一气之下拿走了王帅城堡上的“烟囱”，王帅大叫：“还给我，快点还给我！”可姚佳就是不给他。

这时，姚佳的妈妈走了过来，一把抢过姚佳手中的“烟囱”，将其还给王帅，并且告诉姚佳以后不要再“搭过界”。姚佳“哇”的一声哭了，觉得妈妈偏向王帅，而王帅在一旁幸灾乐祸。

的确，遇到这种情况，很多时候妈妈都会选择参与到孩子的争吵之中，将两个孩子分开，让他们不再互相打扰，这样就能避免继续争吵了。然而，最好的解决方法并不是这样的。妈妈应当鼓励孩子们自己去学着处理他们之间的矛盾，这比直接介入孩子之间去解决问题更有效。

其实，妈妈鼓励孩子自己去想办法解决问题，会让孩子对处理的结果更加满意，也不会表现出抱怨抗议等情绪。

面对有些棘手的问题，妈妈可以协助孩子去解决，引导孩子处理矛盾。

韩栋今年五岁了。一天，韩栋正在玩汽车模型，正当他玩得起劲儿的时候，同岁的表弟走了过来，拿起一个汽车模型就玩了起来。韩栋立刻抢了过来。表弟气不过，说道：“小气鬼！凭什么不给我玩！”谁知韩栋蛮横地说：“就是不给你玩，这是我的！”兄弟俩争吵不休。

这时，妈妈走了过来，制止了他们的争吵，并询问他们争吵的原因。兄弟俩你一言我一语地说着。韩栋说：“他进门就拿我的汽车模型。”表弟说：“你有那么多模型，我玩一个都不可以吗？”韩栋听到表弟商量的语气，说道：“可以给你一个玩，不过得我来挑。”表弟开心地拍着小手：“好啊，好啊，那你来给我挑吧。”

让两个孩子把话说清楚，问题也就迎刃而解了。妈妈介入的目的是让孩子们开诚布公，通过一些帮助性的问题指导孩子去理解眼前的问题。

不要用贿赂的方法。在处理孩子之间的问题时，最好不要采取“贿赂”的方法。

窦宁今年四岁了。一天，窦宁和几个小朋友在人工沙堆里铲沙子。突然，窦宁跑到妈妈跟前说：“林明晨倒了我一身沙子。”妈妈正和别人聊天，根本没看见到底发生了什么事情。所以，妈妈说：“好了，好了，别吵了，如果回家以前你可以和其他小朋友一起好好玩，回家的路上妈妈就给你买一块巧克力。”窦宁歪着小脑袋想了一会儿，说“好吧”，然后就继续和其他小朋友玩耍去了。

通过贿赂的方式让孩子变乖，是不能帮助孩子成长的，甚至可能会让孩子产生这样的错觉：即使自己表现不好，也是可以得到好处的。所以，出现类似情况时，妈妈要找出问题的根源，而非通过贿赂的方式息事宁人。在这样的情况下，妈妈通常会问：“刚刚出了什么事？”不过，这样的问话很可能会让孩子重复之前所做的事情，或是根本陈述不完整。所以，需要妈妈从细节入手，问孩子：“刚刚林明晨往你身上倒沙子的时候，你们做了什么？”孩子很容易根据你提出的问题提供出所需信息。比如："我们刚刚抢一把铲子，我抢到了铲子，林明晨就用旁边的铲子往我身上倒土。"

了解全部情形之后，妈妈即可有针对性地帮孩子分析他们之间矛盾产生的原因，解决他们之间存在的问题。妈妈应该告诉孩子，抢人东西是不对的，在别人身上倒土也是不友善的，不要因为别人先做错了，自己也去做不好的事情。不但要让孩子明白这其中的道理，而且要让孩子说出如何处理现在的矛盾，如道歉、协商等。帮孩子处理问题时，多用"你觉得要怎么解决你们之间的矛盾？""你觉得你们怎么做才能更好地相处？"等句子，这样孩子就能感受到自己是有权利思考问题的。妈妈要明白，只有自己相信孩子可以去解决问题，孩子才会变得更自信。

此外，妈妈不要总是自己出面帮孩子解决问题，否则会减少孩子独立解决冲突的机会。

一天，妈妈带着六岁的儿子和四岁的女儿一起到公园玩。妈妈在一旁和别人聊天，一会儿，女儿走了过来，委屈地说："妈妈，哥哥一直待在秋千上不下来，什么时候能轮到我玩啊？"妈妈听到这话，领着女儿走到儿子面前："虎虎，你快下来让妹妹玩会儿，你是哥哥，要懂得让着妹妹！"哥哥心里觉得非常不公平，不情愿地下了秋千。妹妹好像得了便宜一样，小嘴一咧，上了秋千。

其实，遇到这种情况，如果妈妈果断偏向某一方，孩子之间就会产生嫉妒、不平衡的感觉，所以应当尽量让孩子彼此间自己解决问题，而不是任由孩子一直“告状”。幼儿园中，很多孩子都是一出现问题就找老师“求救”，动不动就“告状”。其实很多时候，孩子懂的道理比我们想象中的多很多。就拿案例中的妈妈来说，可以领着女儿走到儿子面前，让女儿自己对儿子说：“哥哥，你也应该让我玩一会儿秋千，不能总是你一个人在上面玩。”这样，孩子再面对类似问题时就有了解决矛盾的勇气。

第六章
不要高压逼迫厌学、成绩差的孩子

为了让孩子学习更好，妈妈经常会给孩子报各种各样的课外班，可孩子却没有一点兴趣。在强迫中学习，孩子缺乏主动性，学习效果也不佳。妈妈要客观地看待孩子，给孩子树立实际的目标，选择孩子喜欢、擅长的方向进行培养。

孩子厌学，妈妈要自我反省

很多家庭虽然培养出了成绩优秀的孩子，优秀到逢人便夸、同学羡慕的地步，可妈妈并不满意，因为在妈妈的心目中，只有第一和满分才是值得骄傲的。如果孩子的学习成绩达不到妈妈心中的那个标准，妈妈就会批评、责骂孩子，给孩子布置繁重的家庭作业，安排各种补课班。有的妈妈甚至通过暴力的方法惩罚考试成绩不理想的孩子。实际上，这些做法都是不科学的，不但不能帮助孩子提高成绩，还会对孩子的成长产生一定的危害，导致孩子产生强大的心理负担，甚至产生厌学情绪。妈妈应当帮助孩子分析一下考试成绩不理想的原因，寻找解决问题的方法。

吕梁帅聪明活泼，从小成绩优秀。但是在他初三那一年，却出现了自杀行为。学校同届学生有一千余名，吕梁帅的成绩排名在前二十。可是吕梁帅的妈妈一直期望自己的儿子可以考得全校第一的好成绩。吕梁帅也非常努力，可是不管他怎么努力，都没有考得全校第一的成绩。因为达不到这个目标，他一直觉得对不起父母的养育之恩，终日被愧疚之心折磨，有好几次考试成绩出来的时候他都想去自杀。终于，有一次，他没有忍住，从教学楼的四楼跳了下去。虽然并没有生命危险，可他因为小腿骨折而住进了医院。

虽然妈妈在孩子的学习方面提出一些指导性意见非常有必要，但是如果对孩子的期望太高，就会适得其反。此时，孩子会觉得自己无论怎么努力都不能达到妈妈的要求，无论多么用功读书、学习，都只能面对失败。慢慢地，孩子就会对生活丧失信心，对自己的能力产生怀疑，进而认为学习是件非常痛苦、可怕的事情，久而久之，就会产生厌学倾向。还有部分孩子可能会因为达不到妈妈的期望而自暴自弃，终日在学校混日子。

于娟常常逃课。一次，老师发现她逃课之后四处去找她。老师找到她时，她正一个人蹲在路旁，表现得非常抗拒和惧怕，而且希望老师不要送她回家。

老师感到疑惑：为什么不能送她回家呢？经过仔细询问才了解到，原来于娟的父母对她的要求非常高，门门功课都要求她考到90分以上。否则回家之后父母就会对其又打又骂，甚至会把她关在房间里不让她吃饭。于娟的妈妈更是非常严厉。只要于娟一道题做不对，妈妈就不让她睡觉，一直做到深夜。

于娟对学习非常反感，她被高分压倒了，身心俱惫，学习对于于娟来说已经成了非常痛苦的事情了。她厌恶学校、厌恶学习。对于父母，她表现出的不是爱，而是敌视。

虽然妈妈都非常在意孩子的成绩，但是对孩子的态度不能太过苛刻。有的妈妈虽然嘴上说“我们的孩子已经非常优秀了”，可内心的期望却更高，为了不让孩子懈怠，妈妈会用更高的要求去制约孩子。殊不知，孩子的心理非常脆弱，为了达到妈妈期望的标准，孩子已经非常努力了。此时妈妈再对孩子不满意，孩子就会对学习丧失兴趣、信心。作为妈妈，我们应当懂得欣赏自己的孩子，而不是过分在乎名次和分数。

即使孩子没有达到我们为他设定的目标，我们也不能总是责备、训诫孩子，因为他已经非常努力了。这时你可以对他说：“妈妈知道你已经很努力了。你取得的成绩非常好，妈妈为你自豪。但是不能松懈，要再接再厉，取得更加优异的成绩。”这样，孩子会重拾信心，知道妈妈仍然以自己为荣，会更加努力地学习。

盯得越紧，孩子成绩越差

当孩子拿着不及格的试卷放在妈妈面前时，妈妈会做何反应？大多数妈妈的第一反应恐怕惊人地一致——大吼大叫，并且越说越激动，嗓门越喊越大。当然，妈妈如此反应不是没有原因的，这吼叫声中，蕴含着对子女深深的期盼。哪个妈妈不希望子女能拥有美好的未来？而走向美好未来的第一步就是取得优异的成绩。这吼叫声中，也许还夹杂着妈妈自身的烦恼与不顺。

现在的妈妈，除了要照顾孩子，还面临着巨大的工作压力和生活压力，如受到上司的指责、期盼已久的升职加薪落空、日常人际交往中复杂的纠纷等。这时，孩子的一份不及格的成绩单，就如同一个导火索，将妈妈的情绪瞬间引爆，孩子便成了可怜的替罪羊；这吼叫声中，还反映了妈妈错误的角色理解和教育方式。很多妈妈觉得，“孩子是自己的，想打就打，想骂就骂”“妈妈教训孩子是天经地义的事情”，这种心理导致了妈妈在日常与孩子相处的过程中，不自觉地将孩子当成自己的附属品，随意吼叫，忽视了孩子的感受。

安娜·布鲁诺的父母就是众多“嗓门式教育”父母中的一员。布鲁诺夫妇在年纪很大的时候才生了安娜，从女儿呱呱落地那天起，他们就决定一定要将小安娜培养成有用之才，要考入名校，实现他们未完成的梦想。于是，从女儿牙牙学语时，布鲁诺夫妇便开始教女儿识图、写字、算算术；上学后，他们更是给安娜定下了严格、详尽的学习目标，要求她每天完成既定的学习任务。

整个小学，安娜的成绩一直名列前茅。进入中学后，安娜的学习内容发生了很大变化，然而布鲁诺夫妇仍一直沉浸在自己精心经营的好学生—好父母模式的幻想中，同时，继续沿用小学的教育模式对待上中学的安娜。

渐渐地，一种无形的代沟逐渐横隔在父母与女儿之间，但这并没有引起布鲁诺夫妇的注意。直到八年级（相当于国内的初中二年级）的时候，这种情况才开始变得严重起来，安娜的学习似乎越来越吃力，成绩排名从前几名迅速下降到中游。这时候的安娜也有了自己的想法，她不再像小学时那样听话，不再遵守布鲁诺夫妇安排的作息时间。

女儿的行为让布鲁诺夫妇极为忧心，他们和安娜进行了多次谈话，但每次都不欢而散。父母和女儿都有各自的想法，谁也说服不了谁，到最后就变成了大声争吵。最终，安娜的成绩越来越差，父母的脾气也越来越坏。每次考试结束，等待安娜的就是父母劈头盖脸的责骂、嘲讽，他们甚至限制安娜的自由活动时间：不准看电视、不准看漫画、不准唱歌跳舞、不准私自找同学玩、不准参加与学习无关的活动等。在这种状况下，安娜对学习越来越没有信心和动力，甚至产生了厌学心理。安娜在自己的日记中写道："以前很喜欢学习、考试，每次回家爸爸妈妈都夸我是个好孩子、好学生。而现在我几乎一无是处，每天面对着父母失望的眼神、愤怒的斥责，还有诸多的限制，我开始不知道学习究竟是为了什么。"

随着女儿的长大，布鲁诺夫妇一成不变的教育方式和不加控制的坏脾气，使得他们与安娜之间没有办法进行正常的交流。布鲁诺夫妇听不进女儿的解释，他们认为女儿只是在为不努力学习寻找借口。这种僵局一直持续着，最终导致了安娜在十年级时的留级危机。老师将布鲁诺夫妇请到了学校，共同分析了安娜成绩下滑的原因。他们一起梳理了安娜十多年的学习经历后发现，安娜由从前的优等生到现在的留级生，除了安娜自身的原因，父母也有着不可推卸的责任。错误的教育方式使得布鲁诺夫妇的期盼没有转化为安娜的学习动力，反而成了无形的阻力，成了安娜学习的负担。尤其是布鲁诺夫人，每次面对女儿的不知悔改、我行我素，她便怒火冲天，一时激动说了许多违心的冷嘲热讽的话，既伤害了女儿的自尊心，又进一步破坏了母女之间的感情，还使安娜产生了逆反心理和抵触情绪。

和安娜的学习经历一样，成绩差是许多孩子在学习上不可避免的问题。然而身为妈妈，如何对待孩子的差成绩呢？依靠嗓门显然不能解决问题，甚至会出现嗓门越大孩子成绩越差的现象。只有理解并尊重孩子，帮助孩子找到问题之根本，才是实现差生向优生转变的教育之道。所以，面对孩子的差成绩，妈妈应做到以下几点。

1. 调整自己的角色

当孩子成绩差已成事实的时候，妈妈大吼大叫对改善孩子的成绩起不到丝毫作用，妈妈能做的就是帮助孩子分析原因，以平等、民主的方式开导孩子，询问孩子真正的想法，是不够努力呢还是没有兴趣。如果是孩子不感兴趣，那么就要弄明白什么才是孩子真正喜欢的。也许孩子还处于一片迷茫之中，但是随着妈妈与孩子沟通的深入，帮助孩子理顺思路以后，孩子内心的想法就会逐渐浮现。妈妈要把父母、教师、朋友三种角色巧妙地结合，因为良师益友型的妈妈准能获得孩子真正的想法，赢得孩子的尊重，并使孩子在轻松愉悦的学习氛围中不断进步。

2. 耐心地等待孩子的进步

对于大多数孩子而言，学习成绩差的主要因素并非智力上的不足，而是学习、生活、心理上存在偏差。妈妈不能因孩子学习成绩一时之差而以偏概全地去否定孩子，给孩子长久地贴上“差生”的标签。妈妈应该相信自己的孩子，因为成功并非一蹴而就，而是需要长期的积累；学习的进步并非立竿见影，而是需要漫长的过程。也许短期内孩子的成绩没有明显的起色，但不要因此就责骂孩子。妈妈要善于在点滴中发现孩子的努力，耐心地等待孩子的每一次进步，终有一天，量的积累会实现质的飞跃。

3. 懂得赞美自己的孩子

某足球队被教练分成了三个小组进行集训，并在集训的过程中给足球队成员以不同的心理暗示。每天集训完毕，教练对第一小组的队员大加赞赏，称赞他们表现卓越，是一流的球员；对第二小组的队员则不褒不贬，“表现还可以，但运球速度可以再快一点，步伐要再稳一点”；而对第三小组的队员，教练却进行严厉的批评，指责他们一无是处，难有出头之日。其实，最初分组时，这三个小组成员的素质、能力相当，并无明显差别。但是一个月之后再次进行检测，第一小组获得了最好的成绩，第二小组次之，第三小组最差。

这就是赞美的力量。试着去赞美自己的孩子吧，不需要很华丽的辞藻：“今天作业能不用督促就按时完成，很好！”“你的字比上次写的要好得多”……妈妈一句简单的话语，就会令孩子高兴很久。适当的赞美，不仅能有效地表达妈妈对孩子的关注和理解，拉近妈妈与孩子之间的距离，而且，孩子为了不辜负妈妈的期望，获得更多的赞美，会主动自觉地提高自己的素质。

望子成龙没有错，但也得看实际

在当今，分数至上成了很多父母根深蒂固的教子观念，一张薄薄的成绩单，既可以把孩子送上“天堂”，又可以把孩子打入“地狱”。为了激励孩子学习，很多妈妈把对孩子的赏罚与考试分数挂钩，让孩子意识到学习似乎只是为了分数。

其实，考试只是检验孩子学习情况的一种手段，是对孩子掌握知识程度的一项简单抽查。因为分数并不能代表什么，它既不能证明孩子真正学到多少知识，又不能证明孩子的品格和能力如何。更进一步说，成绩只是孩子学习的一部分，在人生的整个过程中，它所占的比例极小。

翻开名人的传记，你会惊奇地发现，有很多名人也曾是“差生”。在他们的求学过程中，有着许多令父母头疼的陋习：懒惰，顽劣的性情，逃课、迟到、上课不听讲，考试成绩倒数甚至只有个位数……成功人士在学生时代未必成绩好。恰恰相反，他们可能是让众多老师、父母头疼不已的“问题孩子”。

曾任英国首相的丘吉尔就是个典型的“问题孩子”。这位曾经叱咤风云的铁血首相童年时的成绩差得一塌糊涂，在小学六年级时甚至还留过级。

丘吉尔小学就读于学费高昂的英国第一学府——哈罗公学。可是，他并不认真学习，反而四处捣蛋。由于经常忘记写作业，又喜爱恶作剧，挨批、罚站成了丘吉尔的家常便饭，在学校的一本惩罚记录本上，丘吉尔就榜上有名。他没有耐心啃那些枯燥的拉丁语和自然科学的公式、定理，只对本民族语言方面有着特殊的兴趣，并表现出众，这令他的学习严重偏科。最悲惨的是在小学六年级，由于成绩实在太差，丘吉尔竟然被学校留了一级，成了一个“丢人现眼”的留级生，同时也被列在学习成绩最差的学生名单中。幸好哈罗公学强调英语写作，这才勉强允许丘吉尔念完本校课程。

后来进入阿斯科特地区的圣乔治中学，丘吉尔的学习成绩仍然毫无起色。在一份发黄的1883年的成绩单上，丘吉尔的地理没有及格，丘吉尔的差成绩受到了学校老师的多次警告。而他的父母坚信：丘吉尔的智商是优良的，英语写作和演讲也与众不同，学校分数并不能说明什么，成绩不行只能说明学习专业与儿子的兴趣特长不相符。

此后，父母丢掉贵族家庭的包袱，将丘吉尔送入一个普通士官学校——桑赫斯特军校。由于竞争压力的减小，以及父母的包容和理解，丘吉尔在这里混得如鱼得水。军校毕业时，丘吉尔的成绩在班上名列前茅。

丘吉尔的学习经历验证了这样一个事实：成绩单并不能说明什么。如果妈妈能够正确地看待成绩，不苛求孩子，孩子反而会有积极上进的动力。

面对孩子的成绩，妈妈首先需要明确的是：成绩单不是评价学习好坏的唯一标准。学习的本质不是为了分数。扩大孩子的知识面，教会孩子如何学习远比考试分数要重要得多，对孩子今后的成长也很重要。那么，妈妈要怎样引导孩子的学习呢？以下几点建议可供妈妈们参考。

1. 扩大孩子的知识面

孩子学习知识不应仅仅局限于书本上，妈妈要努力扩大孩子的知识面，丰富孩子的阅读量。大量的阅读能够辅助孩子对课本知识的理解，使孩子在学习中更加游刃有余、得心应手。丰富孩子的知识面可以从以下方面来实现。

（1）鼓励孩子多阅读课外书籍。课外书籍不仅可以丰富孩子的业余生活，还能扩大孩子的视野，提高孩子的学习能力。孩子由于阅历浅，缺乏对课外书籍正确的辨别能力，这就需要妈妈给予适当的指导。如果孩子对阅读缺乏耐心，或者已养成不良的阅读习惯，那么妈妈应提高警觉，及时帮助孩子纠正。妈妈可参考孩子的兴趣爱好，帮助孩子有目的地选择课外读物，避免孩子盲目地阅读。

（2）多让孩子接触大自然。大自然是孩子学习的第二课堂，出外游玩对于孩子了解社会、贴近自然、磨炼意志，有着教材无法替代的作用。在大自然中，山峰峻峭、奇石嶙峋、河水淙淙、鸟兽虫鸣、绿草如茵、繁花似锦，这些都可以激发孩子无限的想象力，开阔孩子的胸襟。古时“两耳不闻窗外事，一心只读圣贤书”的观念，在当前社会已不再受推崇，妈妈不要让孩子过分沉浸于书本，对窗外的世界充耳不闻，而应该多让孩子接触自然社会，实现知识的全方位发展。

（3）引导孩子经常参加社会实践。邓拓曾言：“从做学问这件事本身来说，无论是初步追求某一项新的知识，还是进一步探究事物的本质和发展规律，都必须通过实践、认识、再实践、再认识的过程。”社会实践，可以让孩子学到很多在课本上学不到的东西，并将其与理论知识联系起来，加深孩子对课堂学习内容的理解；还可以培养和锻炼孩子的实践能力，加深孩子对社会的认知，培养孩子的社会责任感。所以，周末或节假日的时候，妈妈不妨多带孩子参加一些社会实践活动，增加孩子的实践经验。

2. 引导孩子掌握学习的技能

学习也需要技巧。很多孩子不会读书，只知道死记硬背，即使再努力，成绩也难以大幅度提高。有教育专家曾指出：“现代社会的发展对‘学会学习’提出了越来越高的要求。未来的文盲不再是不识字的人，而是没有学会怎样学习的人。”确实如此，只有会学习，才能真正提高孩子的成绩。因而，妈妈不能只督促孩子学习，还应教导孩子如何学习。那么，妈妈应该怎样教导孩子“学会学习”呢？

（1）读书需要深思。自古以来，思考就受到了人们的重视，《论语》有云：“学而不思则罔，思而不学则殆。”因此，为了防止孩子读书硬化，妈妈应鼓励孩子多思考。当孩子看完一本书后，妈妈可以坐下来和孩子一起谈谈读后感，交流一下想法，这既有利于孩子加深对书中内容的印象，又能帮助孩子读透书中的真正含义。

（2）读书需要多问。爱因斯坦说过：“提出一个问题往往比解决一个问题更重要。因为解决问题也许仅是一个数学上或实验上的技能而已，而提出新的问题，却需要有创造性的想象力，而且标志着科学的真正进步。”只有带着问题读书，才不至于在书中迷失方向。作为妈妈，我们要引导孩子探究性地阅读，要使孩子学会独立思考，敢于提出问题，发表自己不同的看法和独特的理解及体验。

（3）读书需要勤练。读书，是一种观赏他人的情感和生活的体验活动。只有勤练，才能将他人的学问转化为自己的知识。孩子在看书时，特别是看到十分感兴趣的地方时，妈妈可以适当引导孩子进行实践。比如，当孩子在看一些科学类的书籍时，上面的小实验可以让孩子动手做一做，亲身体验一下其中的奥秘；如果孩子喜欢文学类的书籍，那么妈妈可以鼓励孩子自己动手写一写，模仿书中的文笔、构思或者是写一段读后感，以此教孩子做到读与练的结合。

当心耽误了家中的“小天才”

一堂课结束，老师问讲台下的学生：“同学们都记住了吗？”同学们说：“记住了！”

一个男生举手，站起来，说：“老师，我还没有记住。”

老师问：“你为什么还没有记住。”

男生说：“老师讲得太快了。”

老师说：“你为什么不听讲，在想些什么？别的同学都记住了，你却没有记住，只能说明你不努力，没有跟上老师的进度。”

其实这个男生并非不努力，他只是不适应“听讲”这种学习方式。老师主要用讲的方式来授课，但相当多的学生不善于用听的方式来学习。所以，老师的授课方式对他们来说相当不公平。“优生”往往是“听话”的学生，但“非优生”的智力和学习精神其实并不亚于“优生”，他们可能是被老师单一的教学方式耽误了。

遇到这种情况，妈妈的合理教育就显得至关重要了，有必要弄清孩子的学习特点，因势利导。一般来说，人们接收信息的渠道有三种类型，并形成了相应的学习模式。

1.“听＋思考”的学习模式

有些孩子习惯于用“听”来接收信息，边听边思考，可以迅速消化老师讲述的内容，有时甚至还嫌老师讲得太慢。一堂课下来，他们基本上掌握了该学的内容，听课的积极性自然比一般的孩子高。只要课后稍加复习，巩固学过的知识，成绩就会比较好。

在中国，多数“优生”是以“听+思考”的学习方式来学习的，因为他们的学习模式正好跟当今“填鸭式”的教育模式的要求相适配。但是，走上社会后，“高分低能”的也多半是这类人，因为在工作岗位，职员学习经验和技能的主要方式不是听，而是去看，去体验，这对他们来说就很不适应了。

2.“看＋思考”的学习模式

有些孩子习惯于用眼睛学习，边看边想，想清楚了，也掌握了；没有想清楚，也知道哪儿还有不足。相反，对老师讲述的内容却很难听懂，主要是思考的速度跟不上老师讲课的进度，一开始还会全神贯注地听，试图跟老师同步，后来发现越落越远，只好放弃。所以，他们很可能成为“上课不用心听讲”的孩子。

假设不能要求老师改变教学方式，那么，对“看+思考”的孩子，与其要求他们“上课专心听讲”，妈妈不如要求他们课前预习和课后复习。他们虽然习惯于“看”，多少还能“听”一点儿，预习之后，再听老师讲一遍，差不多就能掌握老师讲述的内容，课后再巩固一下，成绩也会很好。

3.“体验＋思考”的学习模式

有的孩子习惯于通过感觉器官来接收信息，一定要动手操作一下，切身体验一下，才能掌握所学的知识。比如，写一写字才能真正认识；做一做习题，才能理解与习题有关的基础知识。仅仅是看或听，只能达到一知半解的程度。现在的“题海战术”，对这类孩子比较适合。但是，如果他们没有事先掌握基础知识，不会做题，也只好望“题”兴叹了！

这类孩子也可能上课不用心听讲，搞小动作，假设找不到弥补知识缺陷的办法，极有可能成为所谓的“差生”。但是，走上工作岗位后，他们可能会成为“低分高能”的人才，因为他们善于动手，善于在亲身体验中学习知识、技能，很容易在实践中找到大展拳脚的舞台。

通过体验学习知识，进度虽慢，但却能融会贯通，效果比通过其他方式学习好得多。

通过训练，每个孩子都可以熟练掌握听、看、体验并用的“复合学习模式”，这种随时随地都可以获得知识的学习模式，学习效率出奇地高。但是，这很难，因为我们不能要求孩子在小学阶段就具备复合模式学习的能力，只能依照孩子目前的能力，引导他们找到最适合自己的学习方式。

当我们的孩子在学习上遇到障碍时，或者表现出厌学的倾向时，我们要知道，不是他们的能力不足，不是他们的心态不积极，可能仅仅是因为他们不适应老师的教学模式。

作为妈妈，我们要做的是，设法替孩子消除学习障碍。

第一，弄清孩子最擅长的学习模式。

第二，根据孩子的学习模式，设计辅导方案。比如，对会听的孩子鼓励他上课专心听讲，对会看的孩子鼓励他课前预习和课后复习，对体验能力强的孩子鼓励他多动手，多找感觉。

第三，增强孩子运用其他学习模式的能力。孩子不擅长不等于完全不具备。比如，当听不懂老师讲课的孩子完全可以听懂父母讲故事时，说明他们的差距仅仅是思考速度的差距，一步迟，步步迟。改进的办法是多给孩子讲，多让孩子听。经过持之以恒的练习，孩子的“听力”自然就提高了。

讲述名人故事，激发孩子去读书

妈妈可以从小给孩子讲些名人故事，这对于孩子意志力的培养来说大有益处。因为孩子存在崇拜心理，非常喜欢名人或伟人，也乐于去模仿名人或伟人。如果妈妈抓住孩子的这种心理，给孩子讲些名人、伟人的故事，孩子就会挑选出一两个自己喜欢的名人或伟人向他们学习，或是学习某些名人身上的某种品质。

黄飞今年九岁了，成绩不好，而且非常懒惰，老师教他读的古诗他从来不复习，所以常常是一学完就忘。

妈妈常常为此苦恼。看着儿子整天无所事事、一无所知的样子，妈妈突然想起要给他树立榜样。一天，妈妈给黄飞讲了关于海伦·凯勒的故事：

“1968年6月1日下午，海伦·凯乐在睡梦中去世，享年87岁。海伦·凯勒出生后的第18个月失聪，成了聋哑人、盲人。之后，她便生活在寂寞、黑暗的世界中。不过，她竟然学会了读书、说话，而且以优异的成绩考入了美国拉德克里夫学院，成了学识渊博的人，能使用英、法、德、拉丁、希腊五种文字，还成了著名的作家、教育家。海伦·凯勒走遍世界，为盲人募捐，将自己的一生献给了盲人福利与教育事业，深受世界人们的赞扬，同时获得很多个国家政府的嘉奖。

“盲人想要学会读书认字，付出的努力超乎常人，海伦·凯勒通过手指触摸老师莎莉文小姐的嘴唇领会其喉咙颤动、嘴唇运动、面部表情来学习语言。然而这通常不会太准确，为了让自己读好一个词语或句子，常常要反复练习，海伦从未在失败面前屈服过。她从7岁开始接受教育，一直到考进拉德克利夫学院这14年，她给自己的亲戚、朋友、同学写了很多封信，有的描绘自己旅途的见闻，有的倾诉自己的情况，有的是复述一个故事。大学时，很多教材没有盲文本，她要别人将书里的内容拼写到她的手上，所以她预习功课的时间比其他同学长很多。别的同学在嬉戏打闹时，她只能努力备课。海伦·凯勒之所以能够走出黑暗，靠的就是她那顽强的毅力和她的老师莎莉文的循循教导。”

黄飞听完这个故事后让妈妈堵住了他的耳朵，并用一条围巾蒙住双眼。顿时，他的整个世界变得静悄悄的，一片黑暗。别说看书，就连走路这么简单的小事对黄飞来说都变得很困难。

妈妈对黄飞说：“即使在这样艰苦的环境中，海伦仍然刻苦学习，取得了非凡的成就，而你处在这样优越的环境之中，更应当珍惜这个有声音、有光明的环境，努力学习，不是吗？”黄飞点了点头。从那之后，他收敛了之前的玩心，开始努力学习，每当自己想要放弃时，他就会闭上双眼，捂住耳朵，告诉自己应当珍惜现在的生活。

其实，类似的名人故事还有很多，他们生活的条件、环境非常艰苦，遭受着常人难以忍受的痛苦，却仍然能苦中作乐、努力学习，最终取得令世人瞩目的成果。

法籍华人潘玉良幼年双亲病故，14岁的时候被吸毒成瘾的舅舅卖到妓院，几次逃跑都被抓了回去。老鸨逼着她出去接客，她无路可走，投江自杀。后被人救起，她又落入火坑。在两次救她活命的潘赞化先生的帮助下，她下定决心学习画画，将全部精力献身于艺术生涯，最终成了非常有才华的画家、教授。她的代表作《裸女》曾经获得意大利国际现代美术展览基金奖，欧洲很多国家都办过她的个人画展，并多次获奖。

张海迪出生于山东省文登县（现为威海市文登区）。5岁时，张海迪的胸部以下完全失去知觉，生活不能自理。医生们都说像她这种高位截瘫的患者活不过27岁。可张海迪并没有浪费时间去难过，而是珍惜自己活着的每一分每一秒，她勤奋地学习、工作着。

1970年，张海迪跟随知识青年下乡队伍来到了莘县尚楼村，看见当地人由于缺少医药而饱受病痛折磨，于是萌生学习医术解除群众疾苦的念头。她将自己的零用钱花费在医学书籍、体温表、听诊器、人体模型、药物上，并且研读《针灸学》《内科学》《人体解剖学》等书。她将小动物的心、肺、肝、肾切开观察，以了解内脏；她在自己身上施针，以了解针灸穴位。终于，她掌握了一定的医术，可以治疗常见病、多发病。十几年中，她救治的患者多达1万人。她读过很多中外名著，读书之余临摹名画，识简谱和五线谱，而且可以用手风琴、琵琶、吉他等乐器弹奏歌曲。张海迪不断进取，珍惜生命，努力学习各种本领，很多青少年在她的辅导下考入中学、中专、大学。很多迷惘者在她的帮助、教育下变得充实、高尚起来。

妈妈们不妨在闲暇之际或者孩子懈怠学业的时候，多给孩子讲类似的积极向上的名人故事，激发孩子的昂扬斗志，使其奋起学习。

第七章

冷静应对“糟糕行为”，引导孩子走向正轨

对待“问题孩子”，妈妈不要用成人的固定思维去考量、对待他们。不管怎样，孩子毕竟还是孩子，妈妈要耐心探寻孩子出现种种怪异行为背后的真相，引导孩子走向正轨。

孩子对着干，妈妈要冷静对待

很多妈妈都有这样的切身体验：随着孩子一天天长大，他们会变得越来越难管教，一方面是因为孩子心里有什么话都不愿和妈妈说了，另一方面是因为当孩子的某些要求得不到满足时，很容易产生抵触情绪。这就是我们通常所说的“逆反心理”。

“逆反心理”虽然不一定是坏事，但让很多妈妈感到困惑。从某种意义上说，逆反心理是人适应外在环境的一种正常心理机制，它是一个人从幼稚走向成熟、从依赖走向独立的开始。

从家庭教育的角度上说，孩子用反向的态度和行为来对待妈妈的劝导、说教，其实预示着孩子的独立意识觉醒，以及自我保护的本能或探究未知事物的强烈欲望，这个过程肯定有能让妈妈感到欣喜的因素。

但是不容否认的是，逆反心理其实潜藏着一定的危害性，如果妈妈不能正视并进行积极的疏导和化解，很可能会让孩子变得多疑、偏执，与妈妈感情疏远、关系僵化，甚至朝着犯罪心理与病态心理转化。

孩子出现逆反心理时，妈妈应该怎么办呢？要及时和孩子沟通，帮助孩子树立正确的生活观念。千万不能和孩子硬碰硬，不宜采取强制手段制止孩子的行为，而应该多给孩子一份爱心和宽容。

下面我们就来了解一下孩子的逆反心理是如何产生的。

（1）受青春期心理生理特点的影响。青春期的孩子正处于人生的过渡期，独立意识、自我意识逐渐增强，此时他们在做自己喜欢的事情时不希望成人干涉；他们渴望独立，希望自己可以像成人那样受到尊重；他们对妈妈或老师的话已经不再“唯命是从”，希望可以摆脱成人的监护与束缚；他们不喜欢成人把自己当成小孩，且为了表现自己的与众不同，他们开始对很多事情持批判态度。

但是，在妈妈的眼中，他们仍然是孩子，哪怕他们的身高比自己还高。所以，很多妈妈容易在有意或无意当中忽视对孩子应有的尊重。这样，当孩子无法独立、自我表现欲望受到妨碍时，就会产生逆反心理，同时运用各种方法、手段确立自我和外界对立的情感。

（2）受家庭环境的影响。我们都知道，家庭环境对孩子的成长至关重要。家庭生活大概占据孩子全部生活时间的三分之二，所以，妈妈作为孩子最亲近的人，对孩子的行为、习惯、性格和思想的形成起着不可忽视的作用。

现实生活中，很多孩子多是独生子女，再加上受传统文化的影响，几乎所有妈妈都对孩子寄予厚望，望子成龙、望女成凤。所以，很多妈妈在孩子的教育问题上都提出了很多要求，同时，教育子女的方式往往是专制、粗暴的，超出了孩子可以承受、容忍的范围，增加了孩子的心理压力，促使孩子产生逆反心理。此外，有的妈妈的言与行严重不一致，比如，要求孩子别玩手机时，自己却抱着手机不放，让孩子产生抱怨，这也是孩子产生逆反心理的因素之一。

（3）同龄群体不良因素的影响。处于青春叛逆期的孩子受同辈群体的影响是非常突出的。因为在同辈群体中，青少年们不但有共同的心理感受与需求，而且拥有相似的爱好、兴趣、行为倾向等，他们彼此容易认同，最能达到或造成相互转化与感染。比如，处于青春判断期的孩子中存在的不良英雄观、出风头、唱反调，很容易让一些本来正常的孩子的心理被同化，再加上这个时期的孩子自身心理的不稳定与模仿性，都是促成其逆反心理形成的原因。所以，在孩子逆反心理的形成中，同辈群体的影响必须引起重视。

妈妈只有在认识到孩子的逆反心理的成因后，才能懂得如何积极教育孩子。

1. 保持头脑冷静

孩子出现叛逆行为时，妈妈通常会不满，经常会和其他家庭成员一同通过权力压制孩子。其实，此时的妈妈应该提醒自己保持冷静，等自己冷静之后再与孩子沟通。孩子叛逆时，言语和行为如同暴风骤雨，不懂得控制自己。这个时候妈妈更要保持冷静、理智对待。

2. 平等地和孩子沟通

很多时候，妈妈要站在旁观者的立场分析孩子叛逆的原因。很多妈妈觉得自己是为孩子好，孩子就该听自己的。但事实上，孩子有自己的思维方式与处理问题的方式。妈妈要懂得放下架子，耐心倾听孩子的想法，从感情和具体事件上和孩子达成一致，做出适当让步。

3. 委婉地批评孩子

大部分妈妈看到孩子犯错误就一味地批评，这样很容易刺伤孩子的自尊心，导致孩子产生逆反心理。如果妈妈换一种方式，先对孩子的优点给予肯定和表扬，再指出孩子身上的不足和错误，那么这样，孩子的自尊心就会得到满足，就会更容易接受批评，并改正错误。

4. 引导孩子理智化

有的问题，如早恋，妈妈要对孩子进行有情、有理、有据的说服和劝导，尊重孩子内心的情感，给孩子独立思考的时间。同时，通过具体的事例改变孩子的理想化思维，通过冷静、理智的对话和引导换取孩子明智的选择。

孩子爱撒谎，妈妈要正确引导

一个人的成长、成才、成功要综合多方面因素才能实现。对孩子来说，智力因素虽然重要，非智力因素如诚实也同样重要。诚实的孩子主要有以下几点表现：不欺骗别人，不失信于别人，犯了错误敢于承认等。

几乎每个孩子都有过撒谎行为，但并不意味着所有的撒谎行为都预示着孩子存在严重的道德问题。在心理学家看来，孩子撒谎通常可分为“过失撒谎”和“有意撒谎”两种。过失撒谎大都无意，是非功利性的。过失撒谎的性质不严重，比较容易纠正。但如果是有意撒谎就比较严重了，因为这是孩子的主动行为，功利性明确。妈妈在发现孩子有意撒谎时，要及时指出，同时给予纠正，否则，孩子就会形成不诚实的恶劣品性。

但是，很多妈妈在纠正孩子撒谎行为的过程中，容易气急败坏，情急之下不讲方法，致使最终达不到好效果。

杨洋是个品学兼优的孩子。

一天中午，杨洋对妈妈说下午要去看画展，但妈妈偶然得知那天下午根本没有画展。

当晚，在妈妈的再三追问下，杨洋才告知妈妈实情。原来他与班上的几个同学相约去旱冰场滑旱冰了。妈妈得知真相后，立刻勃然大怒，重重地打了杨洋一顿。

那天，杨洋写了一篇日记，大概内容是这样的：我上午的时候答应和同学一起去滑旱冰，之所以没对妈妈说出实情，是因为妈妈一直以来对我的管教太严格。如果我直接说，那么妈妈很可能会拒绝，这样我在同学面前就会非常没面子，而且会落个不守信用的名声。

原来，杨洋撒谎的背后竟然另有隐情，只是，妈妈习惯了训斥和打骂他，习惯了对他不讲理。而杨洋的撒谎行为和妈妈的教育方式有着直接关系。妈妈不明白的是，责骂和体罚只会误导孩子走向更深的渊潭。

妈妈在对孩子的撒谎行为进行纠正时，不仅要从孩子的身上找原因，还要反思自己的教育方式。其实，孩子撒谎有各种各样的原因。

（1）为了引起注意。孩子想通过引起别人的注意来肯定自己的存在。如果孩子有通过说谎引起成人关切的经历，那么孩子就有可能会重复这种方式再去引起他人的注意。

（2）妈妈的教育不当。孩子的模仿性非常强，这时候妈妈的不诚实行为不但会对孩子产生潜移默化的影响，还可能在他们的心灵深处播下自私自利、损人利己的种子。

（3）为了实现某种愿望。有时，孩子为了得到某种渴望已久的东西，以为撒谎就能达到目的。这是孩子的心理活动和思维发展尚不完善造成的。

（4）为了逃避某些事情。有的时候，孩子说谎可能只是为了逃避，比如：孩子不想去幼儿园时，会以“我肚子疼”为借口。

（5）因害怕被训斥、打骂。每当孩子做错了一件事时就要打骂孩子，这种教育方式致使孩子怕被打骂，于是通过说谎来掩饰自身的过错。

从上面几点因素不难看出，孩子撒谎并非都是自己的错，妈妈也有过错。哲学家罗素说过：“孩子不诚实几乎总是恐惧的结果。”少儿心理问题专家也曾提到：“孩子说谎的原因之一就是出于无奈，撒谎很多时候是被妈妈逼的，这可能是很多妈妈都未想到的。”

找出孩子撒谎的根源之后，也就更容易对症下药了。

1. 预防非常重要

妈妈千万不要认为孩子小，撒个谎没什么，同时，也不要把撒谎看得很严重，觉得孩子“小小年纪就撒谎，以后还得了”。孩子撒谎本身并不可怕，重要的是妈妈对此要有正确的认识和态度。要想防止孩子撒谎，就要从小做起，从预防入手。

2. 妈妈要做好榜样

父母对孩子的影响是非常大的，在撒谎这件事上，孩子很可能会效仿父母的行为。换言之，要想教育出诚信的孩子，妈妈首先要做一个讲诚信的人。

3. 给孩子“下台阶”的机会

教育心理学研究表明：妈妈的语言决定着孩子的自我评价，进而决定孩子的努力方向。因此，在孩子面前，千万不要轻易地冠以“撒谎”的罪名，否则不仅会使孩子的自尊心受到重创，还会让孩子产生负疚感。孩子撒谎的时候，妈妈应该给孩子“下台阶”的机会，即为孩子“找梯子”。比如，孩子说谎了，妈妈可以给他讲个有关诚实的故事，之后启发孩子做诚实守信的人。其实，这样的教育效果比打骂的教育方式好很多。

4. 奖励诚实行为

妈妈要帮助孩子认清“说谎不会成功，即使蒙混过关，也是暂时的，诚实能减轻对孩子过失的惩罚，撒谎会受到更严厉的惩罚”的道理。而且，要不断地教育孩子要诚实。孩子有诚实行为时，妈妈要及时给予鼓励和奖励。纠正孩子撒谎时，妈妈要知道，奖励诚实行为远比惩罚撒谎行为更重要。因此，日常生活中，妈妈应当有意多表扬孩子的诚实，奖励孩子的诚实，如此一来，孩子就会体会到诚实比撒谎的好处多。

孩子自私自利，妈妈要及时纠正

如今，自私自利的孩子越来越多，他们的眼里只有自己，只关心自己的衣食住行，从来不会去考虑别人的感受。可这是孩子的错吗？当然不是，这与父母，尤其是妈妈从小的教育有很大关系。

如果一个孩子从出生那一刻开始，家人就教他骂人，那么他长大之后一定是个满口脏话的不文明的孩子；如果家人教他的是礼仪，那么他长大后一定是个讲文明、懂礼貌的孩子。同样如此，如果一个孩子从小被娇生惯养，家人把最好的一切都给他，当着他的面展示自己的卑微，那么在孩子的眼中，家人就是卑微的，从而不会把家人放在眼里和心中。

荣华八岁了，是家里的独生子，爷爷奶奶、爸爸妈妈对他关爱备至，视其为掌上明珠，含在嘴里怕化了，捧在手里怕碎了。

记得有一次，爸爸妈妈带着荣华到朋友家做客。吃饭的时候，荣华把自己碗里的鸡皮夹给了妈妈，把饺子皮夹给了爸爸，而自己只吃鸡肉和饺子里面的肉馅。朋友问孩子为什么这么做，荣华的父母却骄傲地说自己的孩子吃东西比较挑剔，在家里他就是这么吃饭的。

其实，现实生活中像荣华这样的孩子比比皆是，他们总是觉得自己的欲望就该得到满足，不用感恩或者回报他人。一旦欲望得不到满足，他们就会认为是别人做得不够多、不够好。

这些孩子通常从小就是一个家庭的中心，因为他们的父母等长辈以错误的方式爱他们、宠他们，致使他们长大之后有了人格缺陷，导致他们的人生变得失败，常常经受不住打击和挫折。同时，也因为得不到某种满足而怀恨在心，他们的痛苦往往多于快乐，怨恨多于感动；还可能由于极端自私和狭隘的性格而变成对社会产生威胁的危险人物。

那么，妈妈怎么做才能帮助孩子克服自私的心理呢？

1. 爱孩子，但不要溺爱孩子

孩子“吃独食”的习惯和妈妈的溺爱有很大的关系。很多妈妈出于对孩子的爱，将家里所有好吃、好玩的东西都给孩子，自己却站在一边看着。有时候孩子想把自己的东西分享给妈妈，妈妈却拒绝，久而久之，孩子就形成了独享意识，就会觉得自己这一切“优待”都是应该的。

2. 告诉孩子，分享也是获得

很多时候，孩子之所以不愿意分享，是因为他觉得分享就意味着失去。妈妈要理解孩子的这种心理，同时让孩子明白，分享并不意味着失去，而是一种互利行为。分享体现着自己对别人的关心和帮助，只有自己与别人分享了，别人才会回报自己同样的关心和帮助，这样相互之间才能宽容、爱护、体贴，自己才能感觉到温暖和快乐。

3. 不能让孩子搞特殊

要潜移默化地给孩子灌输“家庭成员都是平等的”的思想，不在家庭之中给孩子搞特殊化。要让孩子知道自己有愿望，别人也有愿望，好东西要大家分享，不能只顾自己、不顾别人。

4. 教育孩子热爱集体、关心集体

经常带孩子积极参与到各项集体活动之中，如带孩子参加社会组织的义务劳动，在集体生活中培养孩子无私的品德，让孩子体会互相帮助的乐趣，感悟合作的重要性，享受奉献的快乐。

5. 结合实际生活告诉孩子自私的危害

结合生活实例给孩子讲清楚自私的危害。比如孩子第一次拿别人的东西时，父母要及时指出孩子的错误，给孩子讲道理，这样孩子以后就不会再犯同样的错误。反之，如果父母不及时指出孩子的错误，孩子自己就会形成经常拿别人东西的恶习，那时再纠正就很难了。

6. 给孩子树立好榜样

在与人分享方面，妈妈要做孩子的好榜样。比如，妈妈经常主动帮助他人，就会在无形之中影响孩子，促进孩子好品质的形成。

大量事实表明，一味地骄纵会毁了孩子，导致孩子成年后步入社会时无法接受别人对自己的一丁点儿不好，甚至不敢步入社会接受磨炼。妈妈应该让孩子经历、体会生活中的酸甜苦辣，磨炼孩子的意志，让孩子懂得感恩，懂得爱别人，这样教育出来的孩子才不会自私自利。

孩子任性、蛮横，妈妈要了解原因

很多妈妈在面临孩子的“无理取闹”时表示头痛：为什么自己对孩子提出的要求已经百依百顺了，他还是那么任性、蛮横？其实，孩子并不是天生就是这个性格，这种行为和父母后天的引导、教育有很大的关系。

孙倩已经读小学三年级了，自幼在父母的宠爱下长大，十分任性、蛮横。她常常想到什么就要父母做什么，而且必须满足她的要求才可以。比如，她看到班上有同学拿手机，就要妈妈给她也买一个。当妈妈没有答应时，她就在家里闹腾、发脾气、拒食，一定要让妈妈去给自己买手机才行。

一次，孙倩发脾气，一定要妈妈陪自己，不让妈妈去上班，到晚饭时间又不许妈妈做晚饭。妈妈不敢不依着她，一直到晚上八点多，加班的爸爸回到家了，她才允许妈妈做晚饭。

还有一次，孙倩突然说要去奶奶家住，妈妈对孙倩说：“这么晚了去乡下不安全，你先把作业做完，明天妈妈带你去。”孙倩非常不开心，冲妈妈发了好一会儿脾气。妈妈被她弄得有些烦，就说了她几句，没想到孙倩一气之下就跑出了家门。

妈妈当时正在气头上，没拦她。直到晚上十点多，妈妈还没有找到孙倩。后来，还是孙倩的一个同学打电话过来，说孙倩在她家。于是，妈妈赶紧把孙倩接了回家。从那之后，由于担心孙倩会一气之下再离家出走，妈妈再也不敢训斥她了。

孩子的任性让妈妈伤透了脑筋。很明显，案例中的孙倩太过任性，想说什么就说什么，想做什么就做什么，从来不听妈妈的劝告，什么事都由着性子来。孩子的任性其实是不良性格的征兆，不利于自身的健康成长。很多妈妈觉得只要满足孩子的一切要求就是爱孩子，殊不知，这样做会在无形之中助长孩子的坏毛病。

孩子的任性和妈妈的不当教育脱不了干系。只要孩子一哭，妈妈就不忍心了；只要孩子一闹，妈妈就不知道该怎么办了。慢慢地，孩子就明白。只要自己哭闹，妈妈就会满足自己的一切要求。这样，等到孩子稍微长大一些，他就会明白这种“要挟”带来的好处，知道自己的任性可以摆布大人，任这种状态无休止地发展下去。等到妈妈再想克制孩子的这种任性时，才发现为时已晚。想要克服孩子的任性，让孩子变得乖巧懂事，一定要从小教育。

1. 不能无原则地迁就孩子

如果孩子的不合理要求在哭闹、任性的情况下得到了满足，即妈妈无原则地迁就他，慢慢地，他就会变得为所欲为、自私自利、不讲道理、任性蛮横。所以，只有孩子得到尊重，加上妈妈又不胡乱迁就他，孩子的心理才可以健康发展，才能在形成鲜明个性的同时不至于任意妄为。妈妈可以通过讲故事的方式给孩子讲道理，这样能有效避免孩子任性，不过一定要在孩子任性的第一时间讲才有效。

2. 满足孩子的合理条件

如果觉得孩子的要求合理，那么最好在有条件的情况下再满足他。这么做是让孩子明白：满足是有条件的，并非可以随心所欲。

妈妈在日常生活中应当注意培养孩子的自主性和独立意识，比如，吃什么菜、穿什么衣服、玩什么玩具、去什么地方旅游等，应该多征求孩子的意见。同时给孩子一些限制条件，比如，让孩子只能在几套方案中选择，当孩子的要求超出条件限制时则无法满足其要求。只有这样，孩子才会明白，并非所有的要求都会被满足，一定要放弃那些不合理的要求。千万不能一味地拒绝孩子的合理要求，否则孩子就会产生不满心理和对抗情绪，易形成不服管教的性格，或者不敢提出正当要求，一味地顺从大人，缩手缩脚，胆小怕事，失去个性。

3. 事先观察和沟通，使孩子防患于未然

孩子任性行为的形成是有据可循的，妈妈平时要多观察，看看孩子都会在什么情况下产生任性行为，并事先和孩子沟通好，定好规则。比如，爷爷奶奶容易惯着孩子，孩子只要和爷爷奶奶一起就会变得更任性时，妈妈下次再带孩子到爷爷奶奶家的时候就要提前打好“预防针”，防止孩子任性。

4. 激励和夸奖，引导孩子改正任性行为

每个孩子都有好胜的心理，都希望得到妈妈的夸赞。如果孩子仍然处于任性初期，妈妈不妨通过正面激励的方法帮助孩子转变任性行为，也可以通过反面激将法故意说他“不能……”，这样他就会说“我能……”，而且会努力证明给妈妈看。比如，孩子不喜欢上数学课，撒谎说自己头疼，妈妈可以说：“我觉得你不能将今天的算术题都学会。”那么孩子就会下定决心地对妈妈的说法表示抗议：“我一定能学会所有的算术题。”妈妈可以说：“那好，你先去上学，放学的时候我来检查你的学习成果。”这种激将法可以帮孩子改掉坏毛病。

5. 转移注意力，使孩子不再任性妄为

如果孩子非常任性地想要做一些不合理的事情，妈妈不一定非要拦着，如果此时可以做另外一些事来转移孩子的注意力，孩子就

不会任性下去，因为他的注意力被转移了，就会将重心放在其他事情上了。因此，妈妈可以在孩子出现任性行为的时候，利用当时的情境特点设法引开孩子的注意力，将孩子的关注点移到其他可以吸引孩子的新颖事物上，这种方法在任性初期能起到很好的效果。

6. 不闻不问进行冷处理

孩子任性耍脾气时，很多妈妈不是哄就是吼，唯独不能做到“事不关己，高高挂起”，其实，只要确定孩子不会因此做什么过激的事，妈妈完全可以不去理睬他，而是听任他闹下去。等他不闹的时候再去和他讲道理。讲道理的过程中，妈妈一定要站稳立场，千万不可“临阵妥协”；另外，妈妈性子不能太急，以免答应孩子的某些不合理要求或者伤害孩子的自尊。比如，当孩子以不吃饭来要挟妈妈时，妈妈不妨直接收拾好碗筷，让孩子饿一顿，这种饿肚子的感觉是对孩子最好的惩罚。

孩子天性调皮、爱破坏，妈妈要合理利用

孩子天性调皮，很多妈妈在面对调皮捣蛋的孩子时都十分无奈。妈妈该如何教育调皮的孩子呢？是泯灭还是发展其天性？

郑冬青今年6岁了，是家里的掌上明珠，相比于其他年龄相仿的女孩儿来说，郑冬青比较调皮，也因此毁坏了不少东西。

记得有一次，妈妈给她买了一个音乐盒，冬青非常喜欢，可是这丁零零的声音是从哪里传出来的呢？为什么一上弦就可以发出声音。一连几天她都好奇得心里发痒，直到有一天，趁着妈妈不在身边，冬青偷偷将音乐盒拆开了，可是里面除了一个个小小的金属片什么都没有。她试图将音乐盒组装上后，可是无论如何它都发不出声音了。

冬青非常害怕，担心妈妈看到后会责备自己。哪知道妈妈得知原因后却鼓励她说：“既然你已经把音乐盒拆了，就好好地观察它，尝试着不同的组装方法，看看音乐声究竟是从哪里发出来的。”

案例中的妈妈并没有因为冬青的淘气而一味地压制她的本性，而是利用她的调皮活泼激发她的观察力、想象力、思考力和动手能力，这才是促进孩子成长、进步的关键。生活中，很多妈妈发现自己的孩子调皮、爱搞破坏后就开始不明就里地管教，想要通过自己的制止和训斥让孩子变得乖巧、听话，却忽视了孩子的天赋。对于天性调皮的孩子，父母可以进行这样的引导。

1. 面对搞破坏的孩子，妈妈要控制好自己的脾气

调皮的孩子常常会将家里弄得乱七八糟，甚至把家里的东西弄坏。很多妈妈在面对这种情况的时候都会气急败坏，对孩子大发雷霆。但是妈妈如果无法控制自己的脾气而责骂甚至打骂孩子，就会让孩子逐渐丧失创新意识。要知道，那些稀奇古怪的念头里很可能蕴藏着无限的创造力。

现实生活中，规矩、听话的孩子可以让妈妈省心，再加上妈妈望子成龙的心态，经常会给孩子设置很多限制，不允许孩子做这做那，变管教为管制，结果使孩子做什么事都必须看大人的脸色，整天一副唯唯诺诺的样子，根本不可能再有什么创造力可言了。因此，妈妈千万不要因为孩子有某些调皮的行为就大发雷霆。明智的妈妈应该懂得放手，让孩子去淘气，自由自在地去遐想、去活动、去创造。

2. 尊重孩子的喜好，激发孩子活泼的天性

很大一部分的妈妈根本不问孩子喜欢什么，就一味地按照自己

的意愿给孩子报各种学习班，企图让孩子掌握各种技能。表面上这种做法好像很对，但是妈妈忽略了一点，这么做会泯灭孩子活泼的天性，让原本该绽放笑容的小脸变得不耐烦、死板、沉闷。

正确培养孩子的方法是，根据孩子的天性进行培养，而很多妈妈的培养方法却与之相反，妈妈命令孩子做这做那，将学习当成任务去未完成，甚至为此羞辱、责骂孩子，那么孩子就只能带着不情愿的情绪去应付妈妈。其实，这样做的结果就是让孩子对学习感到厌倦，同时毁掉孩子应有的气质，让孩子变得混混沌沌、行动迟缓。

3. 调皮不等于完全没规矩

容忍孩子的调皮行为并非完全放纵孩子，对于调皮、不懂礼貌、不懂规矩甚至出手打人的孩子，妈妈要严厉制止和管教，从小培养孩子良好的行为习惯。等孩子稍微大点儿，要给孩子“不听话的自由”，鼓励孩子有自己的想法。研究发现，调皮的孩子接触面广，大脑受到的刺激多，智力被激发得更好。所以，适当给孩子“调皮的自由”能提高孩子的创造力。即使再调皮的孩子身上也有闪光点，妈妈要及时发现孩子身上的优点，懂得如何挖掘孩子的潜能，培养孩子的兴趣。总的来说，调皮孩子的兴趣不容易被妈妈发现，他们的想法很奇特。这个时候最需要妈妈的支持，以发展孩子的兴趣。

孩子爱“偷东西”，妈妈要及时沟通、教育

中国有句俗话：“贪小便宜吃大亏。”贪小便宜的人心眼儿小，经常会捡了芝麻，丢了西瓜。到最后，身边的人都不喜欢他，人际关系变得很差，难成大事。父母应当从小向孩子传递“教养”与“修养”的道理，让孩子做一个光明正大、不贪小便宜、不偷别人东西的人。

唐瑛今年读六年级了，父母都是公务员，爷爷是退休的老干部。家里只有唐瑛一个孩子，全家人都将其视为掌上明珠，唐瑛可以说是衣食无忧。

但是就在前段时间，唐瑛却被学校叫了家长，原因是唐瑛偷其他小朋友的文具，今天偷这个的橡皮，明天偷那个的彩笔。后来小朋友们发现自己的东西是唐瑛偷的，都很讨厌她，疏远她，而她的这种行为也变得更为频繁。虽然老师找唐瑛谈过几次话，但是唐瑛并没有因此而收敛，最终老师决定请唐瑛的父母来学校一趟。

唐瑛的父母对于女儿的这一行为感到羞愧，他们既生气，又担忧。生气的是唐瑛居然做出这种偷东西的事来，担忧的是唐瑛的心理是否有问题。经过一番耐心的询问和心理疏导，唐瑛才说出实情。

唐瑛的彩笔非常漂亮，有36种颜色，是爷爷送给她的生日礼物，同学们都很羡慕。但是在几个月前的一堂美术课上，唐瑛在画圣诞树的时候发现自己的绿色彩笔不见了，于是就向自己的同桌瑶瑶借用绿色的彩笔。哪知瑶瑶却说：“我的绿色彩笔用得快，要是借给你，下次我就没有了。”

由于唐瑛从未被人拒绝过，瑶瑶的这一拒绝让唐瑛的自尊心受到了伤害。下课之后，趁着瑶瑶去厕所的时候，唐瑛将瑶瑶文具盒里的绿色彩笔偷偷拿了出来，放学后丢在了垃圾桶里。刚开始还有些害怕，担心被瑶瑶发现，后来看没什么事，唐瑛的内心竟然又产生出一种报复的快感，似乎终于为自己出了口“恶气”。

从那之后，只要班上的同学有谁惹了自己，唐瑛就会趁着对方不注意偷走对方心爱的东西，遇到自己喜欢的就拿回家用，自己不喜欢的放学之后就偷偷扔到垃圾桶。看到得罪自己的同学着急寻找自己丢失的心爱物品的着急模样，唐瑛居然有些得意。

其实，像唐瑛这样的有怪异行为的孩子，他们一般家境优越，娇生惯养，自尊心强，很多时候偷别人东西并没有十分明显的目的，纯粹是为了给别人制造困难，进而获得快感。比如，案例中的唐瑛，只是把偷来的东西扔掉或者随便处理，那些物品本身对她并没有什么吸引力，吸引她的是那种报复之后的快感。

有研究表明，有偷盗行为的孩子多半都有一些共同经历：学习压力大，与父母、老师的关系紧张，在班上没有交心的朋友，喜欢某个异性却被拒绝等。每个孩子都希望成为同龄中的佼佼者，可并非每个孩子都可以做到这一点。当他们中的有些人经常感到自己被忽视时，就会自甘堕落。也有的孩子虽然成绩优秀，但是每次取得的优秀成绩对他们而言都是无比的煎熬，正是由于他们备受瞩目，他们才会觉得很累，有一种无形的压力压得他们透不过气来，想要通过某种途径放纵自己、释放压力。面对这类孩子，妈妈该如何进行教育呢？

1. 明确告诉孩子“没人喜欢爱占便宜的人”

如果孩子从邻居家玩后拿回家一个气球，妈妈要问清楚：“这是小朋友送你的，还是你自己拿回来的？”如果是邻居家孩子送的，就要问清孩子是否表示了感谢；如果是孩子自己拿回来的，就一定要严肃地跟孩子讲清道理，并引导他换位思考。如对他说：“如果你心爱的玩具不见了，你会多难过？如果你后来知道是谁偷偷拿走了你的玩具，你还愿意和他一起玩吗？”要让孩子了解到这种爱占小便宜的行为是不受欢迎的，之后要带孩子一起去送还，并当面道歉。

2. 严厉惩罚孩子经常拿别人东西的行为

孩子第一次占便宜的时候不要过分指责，和孩子讲清道理之后，如果孩子仍然这样，妈妈就要严厉惩罚，让他认识并改正错误。比如，停止供给他的零用钱，或者让他每天做更多家务活等。其实孩子偷东西并不是说孩子真的就变坏了，千万不能给孩子贴上“坏孩子”的标签。有的妈妈主张用武力解决问题，认为只有“打骂”才能纠正孩子的“偷窃”行为。其实不然，打得越狠，孩子和妈妈的感情就会越疏远，孩子就会越孤独，不敢回家，很容易和社会上的不良分子交往，被其利用，甚至接触社会上的不良事件，最终误入歧途。

3. 细心观察孩子的动向

生活中，要随时观察孩子的思想动向，如果孩子的零花钱多了，或者文具盒、书包里突然多了很多东西，就要重视起来，因为这些东西很可能是孩子偷来的。要仔细排查可能出现的情况，动之以情，晓之以理，让孩子承认错误的同时不伤害孩子的自尊心。如果事态的发展允许对他们的行为保密，那么妈妈一定要信守承诺，否则孩子就可能再也不相信妈妈了。

4. 培养孩子明辨是非的能力

可能妈妈之前教育过孩子什么是“是非对错”，但是孩子很容易受到外界环境的影响而改变。因此，妈妈应该不厌其烦地培养孩子的是非观念，让孩子明白偷东西是可耻的，不允许孩子同样的事情再次发生。总的来说，要想对此类孩子进行行为矫正，首先应当帮他们形成是非观念，增强其是非感。

5. 反思是否满足了孩子的正常需求

妈妈应该多关心孩子，尽量满足孩子的合理要求。如果实在满足不了，要明确告诉孩子原因，赢得孩子的理解，让他们形成正确的得失观。

孩子孤僻、不合群，妈妈要积极引导

曾有儿童心理学专家指出：“孤僻、内向的孩子不合群，甚至还有攻击行为，即便长大了也很难与人合作。”妈妈在面对这样的孩子时会表现得非常焦虑，不知该怎么办才好。事实上，孩子的不合群是可以纠正的。尤其是学龄前的幼儿，正处在个性萌芽与初步形成期，妈妈要抓住这个关键期对孩子进行正确引导，使其形成良好的个性品质与开朗乐观、主动与人交往的性格。

其实，只要仔细观察，具有以下这些表现就可以看出孩子的性情有点孤僻。

（1）他们不懂得怎么与人建立正常联系，缺乏与人交往、交流的倾向，有的孩子虽然不拒绝别人，但并不懂社会交往的技巧。

（2）他们的目光不注视对方甚至回避对方的目光，不喜欢笑，也不喜欢与人打招呼。

（3）他们对周围的事不关心，似乎是听而不闻，视而不见，自己愿意怎样做就怎样做，毫无顾忌，旁若无人，周围发生什么事似乎都与他无关，很难引起他的兴趣和注意，他们的目光经常变化，不易停留在别人要求他注意的事情上面，他们只生活在自己的小天地里。

（4）他们不喜欢说话，而且说话的声音非常小，甚至不想说话，宁愿用手势代替。

（5）他们经常在较长时间里专注于某件事，不肯改变原来形成的习惯与行为方式。

（6）他们的兴趣非常少，很难适应新环境；他们很少关心别人，更无视别人的关心。

王佳从小比同龄的小朋友多动，注意力很难集中，老师常常向妈妈反映他上课不专心，比较沉默，无法和班级同学交往和友好相处，不懂得与人相处，有的言行很难让人接受，经常和班里的其他小朋友发生冲突等。

最初，妈妈还以为王佳性格内向。后来问题越来越严重，就带他去医院做检查。王佳和医生交谈的时候不敢直视医生，一直低头看着地板，他告诉医生自己每天都活得很煎熬，睡眠不好。医生经过详细诊断后，肯定地告诉王佳的妈妈，孩子患的是孤独症。

后来，在医生的建议下，妈妈一步步地引导孩子走出孤单……一年多后，王佳竟像变了个人似的，那个沉默不语的男孩已经变得十分活泼好动了。

对孩子孤独症的治疗，大多采用药物和教育训练相结合的方法。不过，药物并非是治疗的根本，治疗孤独症应主要采用教育训练。要培养一个合群、乐于交往、善于交往的孩子，必须从消除那些造成孩子孤僻的原因入手。

1．营造良好的家庭氛围，改善家庭成员之间的关系

全家人要和睦相处，互相体谅，为孩子创造祥和、安全的家庭氛围。尽量避免在孩子面前过多地暴露父母双方的分歧甚至争执，防止给孩子的心理带来阴影。此外，父母，尤其是妈妈要积极改善和孩子的关系，不要用伤害的语言或消极语言批评孩子。多给孩子温暖，关注孩子的生活、学习与健康，每天抽时间和孩子做游戏、散步、交谈，使孩子感到自己在妈妈心中的分量，只要孩子心中得到爱的满足，就有了安全感。

2．创造机会，让孩子在情境中学会交往

比如，让孩子多参加集体活动。自幼生活在同龄人的群体中，孩子就能逐步学会怎么去生活、怎么与人相处。

3．尊重孩子作为主体的人格与权利，避免包办代替

妈妈要注重培养孩子的生活自理能力，摆脱孩子的依赖思想，引导孩子学会关心亲人，注重亲人的感受，防止孩子过分“以自我为中心”。妈妈不必时刻陪伴在孩子身旁，应当有意识地给孩子独立游戏的机会，让孩子在独自游戏中独立探索、解决问题，逐步形成坚实的自信心。

4. 建立良好的伙伴关系

孩子孤僻、不合群，有的时候是因为无法听取他人的意见，缺少合作意识。所以，要帮助孩子改变以自我为中心的心态，要让孩子学会听取小伙伴的意见，分清是非。比如，妈妈可经常询问孩子是否玩得开心，了解孩子的游戏情况，肯定孩子的正确做法，指出孩子的不当行为。即使孩子真的做错了什么，妈妈也要学会谅解。

孩子“磨蹭”，妈妈要先学会接纳

很多妈妈都有这样的烦恼：孩子做事总是慢吞吞的，一点儿都不着急，做作业比别的孩子慢，跑步比别人慢。对此，妈妈总是焦急万分，对孩子打不得、骂不得，不知道该怎么办。

对于孩子做事喜欢磨磨蹭蹭的坏习惯，很多妈妈采取的做法是：大吼大叫地批评孩子，并严厉限制他的行为。可是这样做往往起不到好的效果，比如，孩子会产生破罐子破摔的心理、对妈妈的话越来越抗拒等。

孩子在成长过程中，多多少少都会有些坏习惯。如果妈妈的教育正确，就会让孩子的坏习惯变成好习惯。妈妈一旦发现孩子有磨磨蹭蹭、拖拖拉拉的现象，就得马上处理，不然长期下去，孩子就会养成坏习惯。

淘淘做事情特别慢，总是喜欢拖拖拉拉的，妈妈为此都不知道说过她多少回了，可是收效甚微。比如，吃饭的时候，老是喜欢抱着饭碗盯着电视机，隔好久才吃一口饭；再如，上厕所的时候，总喜欢拿着童话故事书进去，然后在里面一蹲就是半个多小时。

有时候，妈妈实在是看不下去了，就吼两句，她就不停地哭，半天不理妈妈。妈妈拿她没辙，就由着她。可是孩子越来越大，拖拉的毛病也越来越严重。妈妈实在是忍受不了了，觉得有必要改正她这个坏习惯。

妈妈有个当幼儿园老师的同学，于是特地去向她讨教良策。她告诉淘淘的妈妈："孩子磨蹭的毛病其实主要是妈妈给惯的，妈妈对于孩子过分宠爱，生怕一不小心孩子磕着、碰着，事事不让孩子动手，同时妈妈都属于急性子，孩子毕竟是在学习中，做事情慢是难免的，于是妈妈就喜欢自己动手帮她们解决。而且不少妈妈认为孩子还小，磨蹭只是暂时的，现在先帮她做着，等她长大之后，自然就不会慢吞吞的。殊不知，正是因为这种想法和做法，才导致孩子养成了磨蹭的坏习惯，助长了孩子拖拉的气焰。"

这位幼儿老师还建议淘淘的妈妈："接纳孩子的小磨蹭，可以从孩子的慢性子里发现孩子的优点，比如，孩子做作业慢吞吞的，每天都要很晚才能上床睡觉，可是换个角度想想，正是因为孩子的慢性子，才使得她做事情更加仔细，考虑事情也更加周到。所以说，对待孩子的小磨蹭，不能急，妈妈首先要学会接受它，然后再帮助她改掉。"

妈妈听完之后顿时明白了，决定好好试试同学说的方法。一天，淘淘做作业又拖到很晚，妈妈耐着性子陪着她，然后故意算错个数，想试试女儿能不能发现，结果令她非常惊喜，淘淘果然没有让她失望，不仅把算错的数字找了出来，还发现了更简单的计算方法。

从此以后，她就不再对女儿的小磨蹭大吼大叫了，而是学会了接纳它的存在，再利用正确的方式引导她。比如，在她做完作业的时候表扬她：“女儿，你真棒，做事情这么认真，如果能做得再快点儿就更好了。”这样长期坚持下来，淘淘磨蹭的坏习惯就渐渐根除了。

如何对待孩子的小磨蹭？妈妈要注意以下几点。

1. 学习接纳孩子的小磨蹭，才能引导孩子改掉

在对待孩子的小磨蹭时，妈妈不能有先入为主的思想，想当然地认为孩子是故意如此的，进而批评或是吓唬孩子。这会让孩子产生反感，影响亲子关系的和谐发展。孩子在幼儿时期，由于身体发育不完全，肢体不灵活，做事经常慢半拍，所以动作慢是可以理解的。但是孩子渐渐长大后还是这样的话，妈妈就一定要重视了。对待孩子的小磨蹭，妈妈首先应当学会接纳它，只有自己接受了，才能更好地引导孩子改掉这个毛病。

2. 妈妈要学会放手，不要事事亲力亲为

孩子总会长大，不能总是待在妈妈身边，如果妈妈总是事事

亲力而为，就会让孩子养成拖拉的坏习惯。不少妈妈都在抱怨：孩子吃饭总是端着饭碗不动，每顿饭都要吃好久；孩子走路总是喜欢东张西望，走路慢吞吞的。可是妈妈有没有想过，这些是不是妈妈自身的原因造成的呢？如果孩子吃饭慢，妈妈就帮着喂；孩子走路慢，父母就抱着走，那么孩子怎能改变慢吞吞的习惯呢？所以妈妈要想改变孩子磨蹭的坏习惯，就要先从自身开始反省，学会放手，让孩子自己去尝试。比如，孩子跑步落后别人一大截儿被人嘲笑时，他就会记住这个教训，然后改变自己磨蹭的坏习惯。

3. 停止催促，坚持表扬

当孩子做事慢吞吞的时候，很多妈妈喜欢在耳边不停地催促。在她们看来，只有不停地催促孩子，孩子的动作才能快起来。但是结果往往不如人意，妈妈越催促，孩子的动作就越缓慢。

教育专家建议，在孩子做事磨蹭的时候，妈妈不妨给他个肯定的眼神，鼓励他、表扬他，这样他才更有动力。比如，给孩子布置一道很简单的题目，给他一到两分钟时间。如果孩子在两分钟之内完成了，妈妈要故作惊讶地说：“天啊，你比以前快多了，妈妈还没算好呢，你就算好了，太棒了！”受到表扬，孩子的动力更能被激发，继而彻底改掉磨蹭的坏习惯。

第八章
这些话，千万不能对孩子说

有时候，妈妈不经意间的一句话，却可能会给孩子造成巨大的困扰和伤害，甚至让孩子终生难以忘怀，影响孩子的未来。要知道，妈妈的评价对于孩子的成长有着至关重要的作用。那么，哪些话是妈妈不能随便跟孩子说的呢？

“看看人家的孩子，比你强多了”

“看看人家的孩子，比你强多了！”看到别人家的孩子，妈妈往往会发出类似的感慨，恨不得那个孩子是自家的。似乎在妈妈眼中，别人家的孩子总是最优秀的。于是，在羡慕的同时，妈妈产生了“我家的孩子能不能也像人家的那样”的想法。有专家指出，盲目效仿别人绝对不可取，相反，还可能会把孩子引入歧途。

英语试卷发下来之后，一脸喜悦的朗月回到家中，一踏进房门就开心地对妈妈说：“昨天我们班英语考试，今天试卷发下来，您猜我考了多少分？”

“妈妈猜不到，你究竟考了多少分？”妈妈问道。

“82分，比上次考试的成绩高出10分呢。”朗月有几分得意地说。

“哦，你知道你堂姐芬芬考了多少分吗？”妈妈又问。

“好像是90分吧。”朗月满脸不高兴地回答。

妈妈好像并没察觉到孩子脸色的变化，继续说道："怎么会比她考得差呢？你还是要努力赶超人家才可以啊！"

"您凭什么说我没努力呢？这次考试成绩比上次提高了10分，老师都表扬我了，可您却不满意！永远不满意！"朗月非常生气，她提高嗓门朝妈妈大声喊起来。

"你怎么这么不懂事，我这么说不是为了激励你上进吗？你看你堂姐，每次都考得那么好，哪像你，时好时坏，还不知道争气！"妈妈喋喋不休道。

"我怎么不争气了？您嫌我给您丢脸，是吗？好，那就让她做您的女儿吧，省得您总是唠叨。"朗月怒气冲冲地走到自己房间，"砰"的一声把门关上了。"整天就知道分数，从未关心过我，您可知道我的心里是怎么想的？"就这样，母女又隔着门争吵不休。

赵帅是个非常优秀的孩子，每次开家长会都会受到老师的表扬。赵帅读初三的时候，每次考试成绩都名列前茅，在年级中排名也是数一数二的。在其他家长看来，赵帅的妈妈很有面子，因为孩子这么优秀。但是赵帅的妈妈不这样看。每次赵帅在班里没考第一时，妈妈就会拿他与班里的第一名比；赵帅在班里成绩是第一时，妈妈就拿他与年级第一比。总而言之，赵帅的优秀在妈妈看来总是不满意。

结果，妈妈的这种心态，不仅没使赵帅进步，反而让他更自卑、更自惭形秽，导致他在读高二时产生了厌学心理，一进校门就心烦意乱。虽然此时赵帅的妈妈已经意识到自己的错误，做了很多努力，可赵帅的思想就是走不出这样的误区：在妈妈眼中，我总是不如别人。

妈妈必须要明白这样的事实：自己可以拿孩子的今天与昨天比，拿孩子的成功与失败比，唯独不可以拿自己孩子的短处与别人孩子的长处相比。

过多地拿孩子和别人做比较，会让孩子觉得自己学习是为父母学，不是为自己，把学习当成是苦差。此外，过多拿孩子和别人做比较，还容易让孩子丧失自信，使得孩子出现难以根除的自卑心理，这对孩子的成长有很大的危害。

其实，每个孩子身上都有自己的不足，孩子某方面有缺点，并不代表其他方面也不行。妈妈如果经常用自己孩子的弱项和其他孩子的强项比较，就会让孩子丧失竞争或迎头赶上的勇气。同时，妈妈对孩子的数落也容易引起孩子的逆反心理，损伤孩子的自尊心。所以，孩子出了问题或学习成绩差，妈妈要从孩子实际情况出发，找出原因和差距，而不要拿孩子和他人做比较。

那么，当你看到自己的孩子不如别人家孩子优秀时，该怎么做才能在维护孩子的自尊心的同时促进孩子进步呢?

1. 保持一颗平常心

妈妈要从内心深处杜绝拿孩子与别人孩子胡乱比较的想法，

千万不可以拿别人家的孩子作为参考标准给自己的孩子施加压力，而应该懂得用平常心来对待孩子暂时的不足，多鼓励孩子。良好的教育意识和能力应该成为每一位妈妈的自觉追求。

2. 看到孩子的进步

妈妈要学会全面看问题。比较可分为两种：一种是横向比，一种是纵向比。看孩子进步，不但要横向看孩子和别人的差距，而且应当纵向看孩子比从前取得了什么进步。比如，妈妈不能用学习上的进步去牺牲孩子的全面成长，盲目攀比只会毁掉孩子。

3. 承认孩子间有差异

每个孩子的性格、特点都不一样，很多妈妈喜欢将自己孩子身上的短处和别人孩子的长处做比较。这其实就是忽视了孩子之间的差异。妈妈要接受、承认孩子之间的差异，帮孩子学会取长补短。当妈妈看到自己的孩子和别人的孩子有差异时，先别着急，因为这种差异不一定就是差距。孩子和别人的差异通常是其个性形成的开始，其实，这种差异更需要妈妈加以保护。此时，妈妈要用正确的态度，根据自己孩子的特点来教育。比如，自己的孩子不比想象中的快时，妈妈要教育孩子学会笨鸟先飞，多有耐心。孩子有了进步就要加以鼓励。只要孩子已经努力、尽其所能了，妈妈就不该对孩子提出过高要求，这才是成功的教育。

4．尊重孩子的天性

妈妈要尊重孩子的天性，切不可盲目跟风，不要有这种行为：别人家的孩子学这个就让自己的孩子也学这个，别人家的孩子读的小学一年八万元的学费，就让自己的孩子读一年十万学费的小学，让孩子学三四种外语，这些做法着实不可取。其实，妈妈只有找到适合孩子的发展道路，按照孩子的天性去培养，孩子才能获得幸福与成功。

5．培养孩子的个性

妈妈要明白，每个人都是独立的个体，与其他人没有太多可比性。学习他人的优点虽然重要，但培养孩子的个性更为重要。

其实，妈妈都应该有“我的孩子是独一无二的”这样的想法，没必要总去和别人的孩子做比较，只要你的孩子今天和昨天相比有进步，妈妈就应做出表扬。

“我不会原谅你”

孩子或因自制力弱，或因年幼无知，或其他偶然原因，时不时地会犯错。对此，很多妈妈怒不可遏，动不动就大声责骂，甚至将孩子的犯错看成不可宽恕的事，经常用“我不会原谅你”这样的话来威胁孩子。其实，这是非常愚蠢的做法。孩子犯了错误，妈妈应该本着关心爱护的原则，温和地鼓励孩子勇于承认错误，帮孩子找出错误的根源，改正错误。如此一来，孩子才会信赖、亲近妈妈，敢于跟妈妈说真话。

列宁小的时候，一次，他和爸爸、姐姐一同去姑姑家做客。姑姑家中有好几个表兄妹，他们都非常喜欢列宁，列宁也喜欢和他们一起玩耍。

一天，列宁和表兄妹们在姑姑的房间里玩“捉迷藏”。孩子们你追我赶，热闹极了。列宁跑得很快，一不小心碰到桌子，“砰”的一声，桌子上的花瓶掉在了地上，摔成碎片。那么漂亮的玻璃花瓶打碎了真可惜，孩子们顿时惊呆了。

姑姑听到响声，赶忙跑进房间，看看发生了什么事。当她发现自己心爱的花瓶被打碎时，立即问大家：“孩子们，是谁将花瓶打碎的？”

表兄妹们纷纷说：“不是我打碎的。”

列宁心中非常害怕，也跟着说：“不是我打碎的。”

姑姑说：“既然你们谁都没打碎花瓶，那么肯定是花瓶自己掉下来打碎的了。可能是它在桌子上站得心烦了，就自己掉了下来。”

大家听她这么说，纷纷笑起来，只有列宁没笑，他没有作声，跑进另外的房间中，在桌子面前坐着。他心里非常难过，因为只有他撒了谎。

列宁回家之后，晚上躺在床上，翻来覆去，怎么都睡不着。

妈妈问他：“怎么回事，我的孩子？”

列宁就把自己说谎的事告诉了妈妈。

妈妈笑着对她说：“没关系的，明天你写封信给姑姑，承认自己撒了谎，她肯定能原谅你。”

列宁这才安心睡下。

几天之后，邮递员送来一封信，原来是姑姑给他的回信！姑姑在信上说：“做错了事敢于承认，证明你是个好孩子。”列宁将姑姑的回信给爸爸妈妈看，爸爸妈妈纷纷夸赞列宁是个诚实的好孩子。

列宁的妈妈非常睿智，她明白这样的道理：孩子说谎了没关系，重要的是要明白自己错了，应当勇于承认错误，如果说了谎，却不敢承认错误，一错再错，那么今后为了逃避责任还会犯更大的错误，到了那个时候，想补救都来不及了。所以，当孩子犯错时，妈妈千万不能对孩子动怒，而是要给孩子接纳和同情的关怀，让他知道自身的过失，之后再对症下药。在没有责难的温暖情境中，孩子就会意识到自己实在没有抵赖或逃避的必要。

在成长的过程中，孩子犯下的错误是他们成长过程中不可缺少的音符。在错误中他们会懂得什么是对、什么是错。有时，他们的调皮不过是想吸引妈妈的注意，而当他们的调皮刚好撞到妈妈心情烦躁的“刀口”上时，就会让妈妈变得怒火中烧，这样不经意的发火很容易影响孩子的情绪。其实，孩子是父母的可爱天使，他们可以带给父母欢乐，父母其实不忍心去伤害孩子。所以，孩子犯错的时候，妈妈一定要用真爱之心原谅孩子。

再者，年幼的孩子还处在是非观念建立、规范形成的阶段。他们在做事的过程中，并未考虑后果如何，也不会判定行为与事件的性质。所以，妈妈千万不能用成人的标准去评判孩子的行为与品质。当孩子出现一些错误的时候，妈妈不要在这件事上过多地去追究孩子的责任，急着“宣判”，而是要先弄明白孩子的出发点是什么，之后帮孩子分析原因与后果的严重性，给他讲道理，帮助他去改正，并要注意避免损害孩子的自尊心。

妈妈带诺诺到朋友家做客，朋友家有个和诺诺年龄差不多大的孩子，叫豆豆，没过一会儿，两个孩子在一起玩了起来。玩着玩着，豆豆突然大哭起来。妈妈赶到卧室，看到两个孩子正在打架。妈妈问诺诺为什么打豆豆，诺诺却说："妈妈，豆豆打我。"豆豆却说："是诺诺先打我的。"诺诺一直不承认是自己先打了豆豆。

妈妈温和地将诺诺搂到怀里，问道："诺诺，看着妈妈的眼睛，和妈妈说实话，是谁先打谁的。"起初诺诺还有些躲闪，但是看到妈妈言语温和，便小声地对妈妈说："是我先打豆豆的，因为豆豆和我抢玩具。"

孩子犯错的时候，不可以一味地严厉批评、恐吓孩子，让犯错误的孩子心生恐惧。只有宽和、温柔地对待孩子的谎言，让孩子感受到妈妈对自己的关心和关爱，孩子才敢说出实话。

原谅孩子的过错，能让孩子更好地认识、改正过错，少犯过错，或不犯同类错误。因此，抛弃"我不会原谅你"吧，让孩子得到宽容，同时也在给孩子改正的机会。

“看你还敢不敢顶嘴”

哲明今年6岁了，读小学一年级。一天，表妹来家里做客，哲明将表妹带到卧室一同玩耍。最初，妈妈听到两个小家伙在房间里玩得很开心，但是没过多久，妈妈就听到房间内传来了表妹的哭声。

妈妈听到哭声，赶忙跑了过去，发现哲明居然正在拿着玩具熊打表妹的头。妈妈立刻将两个孩子扯开，而且批评哲明：“你再打表妹，妈妈就不要你了！”哲明刚想解释，“是因为……”妈妈立即打断他，“你打人还敢顶嘴？”之后强行将两个小孩分开，让他们分别在不同房间里玩。

生活中，类似的情景数不胜数，在妈妈看来，犯了错误还要解释的孩子其实就是在做无谓的狡辩。在她们看来，孩子跟大人“顶嘴”，为的就是申辩。妈妈不听孩子解释，其实也是一种不礼貌的行为，因此，听都不听孩子申辩，就给予了否定态度。其实，从某种意义上说，孩子之所以“顶嘴”是因为孩子有自己的主见，有的时候，孩子并非想“狡辩”或“顶嘴”，他们只不过是在为自己的行为申辩而已。

然而，妈妈如果剥夺了孩子辩解、说明的权利，如此强制性的行为可能会给孩子的成长带来以下危害。

1. 让孩子产生逆反心理

生活中，有的孩子犯错误之后，总会试图找出理由来辩护，目的是求得妈妈对自己的谅解，这种心理非常正常。如果妈妈武断地加以“狙击”，孩子就会觉得妈妈不信任自己。对妈妈的这种“蛮横”做法感到不服，以后孩子即使有更充足的理由也不会继续申辩。孩子一旦形成了这种心理，再面对妈妈的批评时，就会无法接受。

2. 让孩子形成认知障碍

有的孩子犯了错，当还没有真正认识到错误却和妈妈争辩起来时，此时妈妈不能简单粗暴地不给孩子争辩的机会，因为孩子可通过“辩”来分清是非。

3. 扼杀孩子的新思想

一个想通过“顶嘴”来辩解的孩子，通常可以将是非、善恶权衡在自己的评判标准上，显示出不唯命是从、求是明理的思想特质。很多孩子都是在有所听和有所不听中逐步掌握认识问题、处理问题的能力的。而妈妈“不许顶嘴”的高压让孩子产生出唯唯诺诺的心理，使得孩子在日后的生活中不知道该怎么创造性地解决、处理问题。

有一位妈妈写了这样一篇日记：

孩子的爷爷过生日，我们一家三口都回去了。

老人高兴，和孩子又说又笑，又唱又闹。我们大人在厨房里做饭菜，做好一个就放在客厅的桌子上。

这次，我往客厅桌子上端菜时，发现儿子端坐在餐桌旁，明目张胆地吃了起来。我的火一下子冒了起来：“怎么回事？大人都没坐下，你先吃，有没有礼貌？过来！”

儿子低着头，非常紧张地走了过来。老人赶紧嘱咐道：“不要打骂孩子。”老公知道我的脾气，上前说了一句：“注意分寸，别影响气氛。”我马上收敛了许多，领着孩子到了另一个房间。

要是以往，我肯定会劈头盖脸地训斥儿子一番。也许受场合的影响，我突然拉住儿子的小手，耐心地询问他：“说说，为什么要抢着先吃饭？”

儿子天真地说：“我饿了。”我说：“饿了也不能先吃，这样很不礼貌，我不是跟你说了好几遍了吗？”儿子又说：“我一看见螃蟹就想吃，控制不住。”我又说：“你抢什么，哪一次吃好东西你没吃上？”可儿子依然辩解：“爷爷同意我先吃了。”我顿时无话可说，儿子的理由很充分：在爷爷家，我怎么就不能随便点儿？

但是，我回答他：“你说说，今天有几个人吃饭？爷爷那是心疼你，可你太不自觉，没控制住自己。你让舅舅、舅妈怎么看待你？他们会说这个小孩太霸道了，好吃的都让他先抢去了。”

儿子不吱声，我知道他听进去了。“所以，你今天做得太过分了，好好想想，下面应该怎么做？”说完，我就走出了房间。

过了一会儿，我看见儿子走了出来，像什么事都没发生过一样。他分筷子，端杯子，吃饭的时候不但祝福爷爷生日快乐，还主动为大人服务，很有分寸和礼貌。

我很欣慰，儿子前后不同的表现，给了我很大启发。根源在哪儿？主要是父母的态度。唯一的不同在于，我没有一味地批评，而是让孩子说出他的动机和理由。也就是说，要给孩子一个机会让他申辩，然后再讲明道理，引导孩子自己改正错误。

的确，如果这位妈妈酣畅淋漓地大骂一通，孩子极有可能会哭起来，然后便使性子不吃饭，情绪低落等。所以，强行遏制孩子去申辩、解释的行为是不明智的，妈妈一定要抱着民主、理性的态度对待那些喜欢“顶嘴”的孩子。

那么，妈妈应该如何对待“顶嘴”的孩子呢？

1. 宽容地对待那些喜欢“顶嘴”的孩子

爱“顶嘴”是孩子在成长过程中的正常“诉求”，他们通过申辩以表明自己的立场与愿望，这是孩子自我意识强的表现。此时，妈妈的宽容能让孩子意识到自己的重要性，从而变得更加自信、善于表达自己的观点。如果妈妈碍于个人的面子和尊严，而置孩子的委屈和苦衷于不顾，以势镇人，以“大”压“小”，就有可能挫伤孩子的自尊，导致孩子逆反和逃避心理的形成。当然，还可能让孩子因此变得不再喜欢说话。

2. 耐心倾听孩子的申辩

孩子需要申辩，说明他有表达“委屈”的愿望。这个时候，妈妈不要急于凭主观臆断或一面之词而对孩子妄下结论。应该耐心、真诚地去倾听孩子辩解，并且加以具体分析。只有这样，孩子才能感觉到大人足够的“尊重”，说起话来思维才会更顺畅，也更敢于表达自己的立场。

3. 为孩子营造辩论的氛围

在孩子为自己的行为申辩时，妈妈不妨因势利导，充分让孩子申辩，培养他们敢想、敢说的良好习惯，这样做既能使孩子明事理又练口才。

4．引导孩子学会自我分析

让孩子申辩并不是让孩子牵着大人的鼻子走，而是鼓励孩子说话、表达的时候认识到自己的谬误，正视自己存在的问题，鼓足勇气去克服它。这样，孩子才能变得更加能言善辩且明辨是非。

最重要的是，妈妈不要把孩子的“顶嘴”与挑战自身的“权威意识”挂钩，不要把孩子的思辨和不讲礼貌混为一谈。唯有如此，才能让孩子在争辩中清楚地认识到自己的对与错，从而更坚定正确的想法。

“妈妈不爱你了”

有位妈妈写下了这样的日记：

吃晚饭的时候，7岁的女儿还是像平常一样很不安分地到处乱跑着，怎么也不肯老老实实地坐下来吃饭。我说了她几次，她都充耳不闻，继续自己的活动。我一下来气了，指着她的鼻子大声说：“你爱吃不吃，反正我已经不喜欢你了，不爱你了。”女儿听了以后，回头看了看我，随即问道：“那爸爸呢，爸爸爱我吗？”我随口回答她：“不爱。你这么不听话，我们都不爱你了。”然后，我就再没有理睬她，开始埋头忙自己的工作。

过了好半天，我忽然发觉屋子里很安静，没有看到女儿跑来跑去的身影，也没有听到她说话的声音。我抬头看了看老公，他正在看电视，身边也没有了平常紧紧依偎他的小身影。我诧异极了，站起来仔细察看，一转脸，发现了那个丫头，她正安静地坐在沙发的一端，低着头掰着手指头，好像还有些抽噎，我有点儿不解，走过去，坐在她身边，慢慢地托起她的脸。看到女儿小小的脸上居然还有泪珠，我急切地问："宝宝，怎么了？"女儿听到我的问话，这才睁大眼睛看着我，一字一句地慢慢说道："妈妈，您为什么不爱我了？爸爸为什么不爱我了？你们都不爱我了，我怎么幸福呀？"说完以后，搂着我委屈地大哭起来。

天下的孩子其实都和这位妈妈的女儿一样，希望得到父母深深的爱。而如果父母，尤其是妈妈对孩子说"我不爱你了"，会深深地伤害孩子的心。也许，妈妈不过是随口说说而已，可是，说者无心，听者有意，孩子脆弱的心灵是经不起"随口说说"的。可以说，孩子从出生起，离他最近最亲的人就是妈妈了，他们无不渴望得到妈妈的关注与爱护，对他们来说，这比什么都重要。所以，妈妈千万不能轻易对孩子说"我不爱你了"，而要多对孩子说"我爱你"。

有人做过这样的调查："你会对孩子说'我爱你'吗？"调查结果显示：大部分的妈妈在孩子上幼儿园之后就很少直接地表达对孩子的爱了，孩子也很少向妈妈表达爱意。鉴于家庭表白气氛严重缺失的现状，广州某亲子网曾举行了这样的亲子活动：二十多个家庭参加此次亲子活动，在"真情告白"环节引发了全场高潮。音乐声响起时，妈妈向孩子读出了事先准备好的真心话："孩子，你真听话，真有出息。""孩子，你是妈妈的宝贝，爸爸妈妈永远爱你！"……可能是妈妈的热情感染到了孩子，天真无邪的孩子们也开始用稚嫩的声音回应：“爸爸妈妈，我爱你们！”顿时，温馨的气氛感染了全场人，很多人热泪盈眶，感动得说不出话来。活动的过程中，亲子间互相传达爱的信息，拉近彼此的感情。妈妈们无论如何都没想到，孩子轻轻的一声“我爱你”，竟然会有这样的神奇效果。

同样，对孩子说句“我爱你”，向孩子表达爱意的好处非常多。向孩子表达爱意，能消除孩子生活中的消极情绪，尤其是焦虑。有的孩子学习成绩不太好，他们闷闷不乐的主要原因就是担心和妈妈的关系。

孩子最想得到的就是爱与被爱。如果妈妈让孩子觉得，他的成绩不好就再不配得到妈妈的爱，也没资格爱妈妈，那么孩子肯定会陷入极大的焦虑中。这是非常重要的一点，孩子不管看起来多么在乎朋友与老师的评价，但他们最在乎的永远都是妈妈的认可。所以，如果妈妈可以和孩子保持稳如磐石的关系，经常对孩子说“不管你怎么样，妈妈都一如既往地爱你、认可你”，这样孩子的焦虑就能得到很大的缓解。

找适当的时机向孩子表达爱意，能增强孩子的自信与自尊。在孩子的成长过程中，妈妈就如同一面镜子，不断反射出孩子的一切。当听到妈妈的鼓励、赞许和充满爱意的话时，孩子觉得自己得到认可，就会非常骄傲，由此，自信心也会倍增。而那些长期得不到肯定的孩子，就会越来越胆小、没主见，长大后习惯被安排做事情，缺乏创造性。

孩子是非常敏感的，很在乎妈妈对自己说的话，一句真真切切的话可以抚慰孩子的心灵，特别是对于懂事的孩子而言，妈妈爱的表达很容易消除彼此间的隔阂，让亲子关系更进一步。当孩子做了让妈妈开心的事时，妈妈要及时对孩子说：“孩子，你真棒，妈妈爱你。”在孩子遇到挫折时，妈妈要说：“别担心，妈妈爱你，妈妈希望你可以坚持下去。”当孩子犯错时，妈妈要说：“对于你做的事情，妈妈虽然不同意，但是妈妈爱你，而且希望你能改正错误。”

除了用言语表白，鼓励的眼神、甜蜜的抚摸等都能很好地表达爱意。妈妈经常对孩子说“我爱你！”“真开心，你是妈妈的宝贝！”等，能慢慢地给孩子以坚韧的性格。同时，孩子如果得到妈妈明确的爱，成长的道路就会变得更加顺畅、广阔，做到遇事不惊、沉着冷静，而且善于调节自己的情绪。

妈妈们，千万不要表现出你对孩子的不屑。从现在起向孩子表达爱意吧，因为孩子正在期待着你的爱。

“你这笨脑筋”

很多人都有这样的感觉：一个人掌握知识的多少，多半来自于他所记下的东西。对于孩子而言同样如此。如果一个孩子缺乏良好的记忆力，就难以在学业、事业上有所突破。

现实生活中，很多妈妈只对孩子的学习成绩表现出浓厚的兴趣。当孩子考试成绩不理想时，妈妈就会责骂“你这笨脑筋”，却从未肯定过孩子在学习过程中所付出的努力。

其实，没有哪个妈妈不希望自己的孩子记忆力好，因为记忆力对孩子日后的学习、生活会产生很大的影响。俄罗斯的一家杂志提到：“如果我们能迫使我们的大脑达到其一半的工作能力，我们就可以轻而易举地学会40种语言，将一本苏联大百科全书背得滚瓜烂熟，还能够学完数十所大学的课程。”其实，人的记忆潜力非常大。美国科学家研究表明，一个人若始终好学不倦，他的大脑能储存的知识相当于美国国会图书馆藏书量的50倍，要知道，美国国会的藏书多达一千万册。试想，一个人的大脑可以容纳多少知识啊！

这是一组已被验证过的科学数据：目前，世界上体积最大的电脑记忆体容量是10亿比特，即10后面加12个零。然而，相比之下，人脑的记忆体容量更是不可思议——数位10后面加上8432个零，这简直是天文数字。

人脑如同图书馆，一个人学习的、记忆的东西都能保存到这个图书馆之中。当他需要用时，就能随时拿出来用。但是，如果图书馆的书库里根本无法存进这本书，又如何借给你呢？可见，记忆就是过去的经验在人脑中的反映，一个人只有先去记，才可以在脑海中再现。

有关事例显示，一个人的记忆力如何，通常与其自幼受到的记忆力训练有很大关联。古希腊的西摩尼德斯曾经说过这样的话："记忆法是雄辩家素养的本质部分。"奇克罗也著文记载过当时的法律家与雄辩家们都得到了记忆法的帮助，而且在《雄辩家论》中叙述了他本人是怎么应用记忆方法的。可见，一个人不断运用、挖掘自己的大脑，掌握记忆之法，就能获得无穷的记忆宝藏。同样，面对"记忆力差"的孩子，妈妈要做的不是单纯地骂孩子"你这笨脑筋，真没救了"之类的话，而是要让孩子通过科学的训练，达到一目十行、倒背如流的境界。

艾思奇是我国著名的马克思主义哲学家。生活中，他是个非常喜欢读书的人。他读书时，常常全身心沉浸在书籍中，甚至完全不知周围发生了何事。

艾思奇在《读书生活》杂志社工作的时候，负担很重。家里人都怕他会累坏身体，于是借来一台留声机放到他的办公桌上，希望他可以听听美妙的音乐，以放松紧绷的神经。但是，艾思奇读书时根本无法听到音乐声，无论当时的音乐声有多大。

正是因为艾思奇可以在嘈杂环境里完全沉浸在读书当中，所以，不管何时何处，只要他想读书，他都可以静下心来读，而且能记住书里的内容。

艾思奇这种在嘈杂环境里静心读书和记忆知识的能力并非与生俱来，而是得益于他从小就注意训练自己抛开周围的事情，认真读书的习惯。

在昆明市一中上学时，艾思奇经常故意去乱哄哄的街市边或操场上读书。时间久了，他居然可以对周围的事物视而不见、充耳不闻。

后来，艾思奇到日本求学。课余时间，其他同学不是聊天就是唱歌、跳舞，只有艾思奇独自坐在墙角，埋头读书。同学们都觉得艾思奇在这样吵闹的环境里看不进去书，有的同学还特意抢过艾思奇看的书，问他："刚才你看的是第几页，什么内容？"不料，艾思奇居然可以对答如流，同学们都很佩服他。

艾思奇在学习时不仅能做到不受外界环境的干扰，而且很注重效率，经常使用多重目的读书法。

在日本留学时，艾思奇主修哲学专业。但是，刚到日本的艾思奇仍然需要学习日文。于是，他买了一本日文版的《反杜林论》，看完这本书时，艾思奇不但学到了哲学知识，日文水平也有所提高。后来，为了学习德文，艾思奇又买了一本德文版的《反杜林论》，结果他把《反杜林论》的内容熟记于心，德文的水平也得到了大大提高。

很多妈妈都觉得，孩子的记忆力是天生的。其实，这种观点是有偏差的。每个孩子都是妈妈生的，可没有一个孩子生下来时就是认识自己的妈妈的，孩子之所以认识妈妈，是因为妈妈常常和他在一起。所以，孩子记忆力的好坏不但和遗传因素有关，更和记忆的条件、方法有关。

很多妈妈以为孩子记忆力不佳是因为资质愚钝。其实不然，大多数孩子记忆力差不过是未掌握记忆规律，缺乏正确的记忆方法。

苏霍姆林斯基就曾说过："小学生记忆力的强弱在很大程度上，也可说在决定性程度上，取决于孩子在早期童年时代进入到意识中的语言的鲜明度和情感色彩程度。孩子接受这些印象的同时也就锻炼了记忆力。"可见，妈妈有意识、有目的地培养，孩子即可提高记忆力。孩子受到激励，焕发热情，注意力就能大大增强。

美国哥伦比亚大学的心理学家曾做过这样的实验：让400名小学一年级的学生参加一个考试，之后对所有孩子都说他的成绩非常好。在表扬孩子成绩时，研究者对其中一部分孩子说："你非常聪明，你的考试成绩很理想。"对另一些孩子则说："你很努力，但是你的考试成绩不理想。”

几天后，这些孩子又参加一次考试。这次，研究者对孩子们说，他们的成绩没上次好。面对这样的结果，那些曾经因为“很努力”而受到表扬的孩子表现出非常好的控制力，而且愿意接受挑战，因为失败对他们而言不过意味着“还不够努力”。而那些由于“很聪明”而受表扬的孩子就显得缺乏对失败的忍受力，所以他们才会觉得失败意味着“我笨”。

妈妈在评价孩子的时候，不妨也采用“强调努力法”。比如，孩子拖拖拉拉，不能在规定的时间内完成任务，尽量避免对孩子说“你不爱学习”“你不负责任”“你的时间观念不强”“你的自控能力太差”等话，因为在孩子的观念或潜意识里，这都是难以改变的情况；而要对孩子说“你不够努力”“你还没把自己的能力发挥出来”，因为“努力”“发挥能力”能由自己掌握，而且随时能改变。当孩子意识到一切都能通过努力改变时，管理行为、管理时间的自主意识就能得到增强。

“你可真是个死脑筋”

“你可真是个死脑筋。”经常听到部分妈妈这样责备孩子。

所谓“死脑筋”，指的是孩子办事守旧、不懂变通和创新。

孩子是否拥有创造能力，和他的自信程度密切相关。试想，一个什么都不敢想、什么都不敢做的人，如何创造出让人耳目一新的东西？

诚然，妈妈希望孩子拥有创新能力的心情可以理解，但是因为无法如愿而给孩子贴上“死脑筋”的标签，就不可取了。妈妈在认知创新能力对孩子的影响的同时，更要引导孩子多些“奇思妙想”。

丁丁和浩浩是同班同学，两人关系非常要好。但是两个人的性格截然相反。丁丁自信十足，性格外向、开朗，与同学相处得非常融洽，也是班上的“积极分子”。而浩浩性格内向、少言寡语，即使上课读课文也会面红耳赤。

一次，学校举行“航模比赛”，要求每位同学自制一艘航模。丁丁在同学们的帮助下制作出了漂亮的牵线式遥控航模。但是，丁丁对自己的航模并不满意，觉得还是无线遥控比较好，于是，他开始积极地探索，寻找制作无线遥控器的方法，并最终制作出了无线航模。而浩浩却因为胆怯放弃了航模比赛，在他看来，这些事和学习无关，没有必要浪费精力参与其中。况且，自己又不擅长做航模。

两个年龄相同的孩子却有截然不同的行为。一个勇于探索、创造，另一个躲避探索和创造的机会，甚至愿意将这些机会拱手让给他人。

没有自信的孩子是无从谈及创造力的。

研究发现，孩子之所以会缺乏自信和创造力，与他们从小所受的教育和感受不到何为自信有着密切的关系。

刘芳今年10岁了，成绩优异，但是性格内向，很少与其他同学一起玩耍，属于“不合群”的类型。

一次，刘芳考了全班第一的好成绩。刚巧过新年，妈妈带着刘芳到舅舅家做客，舅妈非常喜欢这个乖巧、成绩优秀的外甥女，就说道：“还是外甥女让人省心，门门功课优异。”谁知刘芳的妈妈却说：“我们家刘芳表面上看起来很笨，没想到上学之后成绩还不错。”刘芳听到妈妈这样贬低自己，伤心得都快哭出来了。

孩子做的事，无论是好是坏，是进步还是后退，妈妈都应当予以正确的鼓励或安慰。否则，孩子就会误以为没有人真正关心他、爱护他。他的存在价值被否定，也就没有信心做其他事情了。

孩子的创造之路可能会屡屡受挫，妈妈不能对此不予重视。孩子创造失败时，妈妈应当及时安慰孩子，告诉孩子“失败是成功之母”，让孩子重拾创造的欲望。

如果在孩子失败时责备孩子“你可真是个死脑筋”，只会让孩子原本受挫的自信心更加挫败，不愿意再靠近“创新”这条路。

不可否认，一个从小就思路宽、点子多、创新能力强的孩子，他的人生道路也一定比其他人更宽阔。

生活中常有一些孩子，做事时总拘泥于一种思路，不敢想，不敢尝试，这又如何创新呢？总体来说，孩子缺乏创新能力是有原因的，包括缺少创新经验、个人比较懒惰、经不起挫折、家长过于严苛等。

要想将孩子培养成拥有创新能力、点子多、能力强的人，妈妈就要做到以下几点。

第一，为孩子营造出宽松和谐的家庭氛围。

第二，对孩子提出的各种问题，和孩子共同讨论，启发孩子多角度思考问题。

第三，鼓励孩子进行探索活动，利用节假日带孩子接触各种新鲜事物，启发孩子的思考力和创造力。

“你真没礼貌，不懂事”

不知道从什么时候开始，很多妈妈带着孩子出门遇到熟人时，很喜欢让孩子称呼对方“爷爷”“奶奶”“叔叔”“阿姨”等，以表达问候之意。如果孩子做到了，妈妈心里就会感到很满足：“看！我们家的孩子真有礼貌！”而如果孩子没打招呼，妈妈就会非常不自在，认为孩子没礼貌。妈妈的这种心理变化非常正常，毕竟，有礼貌的孩子不管走到哪儿都容易受人欢迎。

面对没礼貌的孩子，妈妈千万不可着急，更不可指责孩子“你真没礼貌，不懂事”。

妈妈正在跟亲戚闲谈时，7岁的桂玲走过来拉妈妈的胳膊，示意她要喝苹果汁。妈妈说：“乖宝贝，稍等一会儿，我给你去拿。你现在快跟亲戚打招呼。”谁知桂玲突然大叫道：“妈妈，你给我闭嘴！”

女儿这样的表现使妈妈感到羞辱。而使她真正感到悲伤的是，桂玲这样对她不是一次、两次了。于是，妈妈厉声说道：“你真没礼貌，不懂事。”随后桂玲哭着跑出了房间。

家庭教育在孩子文明礼貌方面起着决定性的作用。而相当一部分妈妈认为教育孩子是学校的事，在这种错误指导思想的支配下，他们除了关心孩子的考试分数之外，其他的一概放任自流。

妈妈除了要让孩子学习礼貌待人的方法外，更要懂得通过哪些方式可以让孩子贯彻实施。

1. 妈妈要以身作则

孩子有没有礼貌并非天生的，而是后天培养出来的。并且，孩子天生喜欢模仿他人，妈妈在家中陪孩子的时间最长，培养孩子的过程中应当注意自己的言行举止，注意讲礼貌，给孩子树立良好的榜样。比如，有人来做客时，给予热情招待；接受了他人的帮助后，要及时道谢；在收到礼物时，可以邀请孩子和你共同写感谢卡等。只要妈妈做好示范，再遇到类似情形时，孩子自然就会效仿妈妈的做法。

2. 为孩子设置场景

有的妈妈为了不让孩子打扰来访客人，通常会将孩子打发到一边，让他们自己出去玩。这样做虽然能获得一时的安静，但会影响孩子的社交能力。孩子会想：“妈妈为什么不让我和客人在一起？

是不是我做错了什么？时间久了，家里来了客人，孩子就会躲到旁边。”所以，当有客人来访时，妈妈首先要向孩子介绍一下来的是什么客人，再向客人介绍一下孩子，可以让孩子帮客人拿拖鞋和水杯，千万不可以将孩子排斥在外。

3. 适当给孩子暗示

教育孩子使用文明礼貌用语时，开始孩子通常会不自觉。有时在长者面前，孩子经常会因为害羞而不肯去做。遇到这种情况，有的妈妈往往逼着孩子对长者有礼貌，或当着客人的面责骂孩子。其实，这么做有害无益。因为孩子也有自尊心，妈妈通过强制或责骂的方式，即使孩子不得已听了妈妈的教导，心里也不高兴，以后就更不喜欢礼遇长辈了。

有经验的妈妈遇到这种情况时通常采取暗示的方法，在孩子耳朵旁边轻轻教导孩子致礼，让孩子高兴地礼遇长者，同时还称赞自己。

4. 给孩子讲清楚礼貌的意义

妈妈在教孩子讲文明礼貌的时候，不仅要告诉孩子语言要怎样，姿势要怎样，更要向孩子讲些深入浅出的道理，即为什么这样做，这样做有什么好处等。

5. 对孩子的礼貌行为及时做出评价

可以用点头、微笑、语言等赞扬、肯定孩子，对孩子不礼貌的言行要及时批评，同时指出不礼貌的后果，防止孩子对不礼貌的言行产生厌弃情绪。

6. 成人要形成教育的合力，贯彻始终

培养孩子懂礼貌，大人必须做到统一要求、统一步调，千万不可以有时管、有时护、有时严、有时松，导致大人的教育作用相互抵消。成人对孩子的礼貌教育一定要做到有始有终，千万不能虎头蛇尾。应当持之以恒，严格要求，只有如此，才可以取得良效。

后记
POSTSCRIPT

在写这本《心平气和当妈妈》的时候，我反复思量。现代社会，妈妈爱孩子是毋庸置疑的，但是心平气和地与孩子交流却成了难题。

现代社会，女性要面对的不仅仅是家庭的压力，还包括职场上的压力。在双重压力之下，很多妈妈显得焦躁了些。比如，孩子稍微调皮时，她们就开始大吼大叫；孩子刚报个课外班时，妈妈就开始喋喋不休地督促；孩子刚在某方面崭露头角时，妈妈就急于求成，恨不得孩子立刻成才……孩子对妈妈的感情，开始从最初的依赖到害怕，又从害怕到躲避。慢慢地，他们有话藏在心里，有事要么自己担着，要么拖着，到最后无法收场，悔之晚矣。

孩子对于一个家庭来说太重要了，教育更关乎孩子的一生。良好的家庭教育有助于孩子的健康成长、日后的成才，而温和的妈妈可以让教育的效果事半功倍。

想让孩子听妈妈的话，首先妈妈要做的就是和孩子平等相待，以朋友的身份交流，及时了解孩子语言、行为背后的真相。如此，才能及时帮孩子解决问题，将潜在危害扼杀在萌芽之中。

当妈妈的情绪平和、脾气柔和时，孩子的脾性就平和稳定。反之亦然。曾有育儿研究表明，所有孩子内心最在乎的就是妈妈的情绪。妈妈心态的稳定，肯定影响孩子心态的稳定。妈妈情绪焦虑，长期对孩子大吼，容易使孩子在情感上强行与妈妈中断连接，和妈妈的心拉开距离。

一个妈妈真正的力量，是她的慈祥、温柔、温馨、温和。妈妈的情绪平和，家庭就温暖，而家庭一温暖，孩子的幸福指数就能得到提升。反之，妈妈的脾气暴躁易怒，很可能会毁了孩子的一生。

祝愿天下所有的妈妈都温和教子，营造温馨的家庭。愿天下所有孩子都能在温馨的家庭中健康成长。